Dejarme hacer

Colección Servidores y Testigos

183

Fermín Negre

Dejarme hacer

NOVENA EDICIÓN

 SALTERRAE

© Editorial Sal Terrae, 2024
Grupo de Comunicación Loyola
Polígono de Raos, Parcela 14-I
39600 Maliaño (Cantabria) – España
Tfno.: +34 944 470 358
info@gcloyola.com
gcloyola.com

Imprimatur:
✠ Manuel Sánchez Monge
Administrador apostólico de Santander
17-11-2023

Diseño de cubierta:
Félix Cuadrado Basas (*Sinclair*)

Impreso en España. *Printed in Spain*
ISBN: 978-84-293-3188-2
Depósito legal: BI-1-2024

Fotocomposición:
Marín Creación, S. C. – Burgos / www.marincreacion.com

Impresión y encuadernación:
Gráficas Fernan – Bilbao (Vizcaya) / graficasfernan.com

A mis sobrinos Juanma, Javi, Jesús, Pablo Fermín,
Ignacio, Carmen y Nuria,
por orden de aparición en este mundo.
Mis siete magníficos a quienes tanto quiero.
No olvidéis nunca las raíces y alas
que encontrasteis en vuestra familia:
la fe y la unidad.

A mis queridos pececitos de Ixcís
y a todos los trovadores del Evangelio.
¡Aunque callen las piedras,
la música de Dios seguirá sonando!

A Dios, mi Pez y mi Orfebre.

Para escuchar la canción que da título al libro, escanee este código QR:

ÍNDICE

Prólogo
Entre libros y *diosidencias*

Existe un término curioso que, desde que lo escuché hace ya algunos años, comenzó a formar parte de mi vocabulario diario. Es un término que no está acuñado –aún– por la RAE, y que consigue expresar algo que no podríamos explicar con ninguna otra palabra. Hablo del término *diosidencia*, que conjuga las palabras Dios y coincidencia. Sirve para designar aquellas situaciones que parecen fortuitas, pero que sabemos que son un regalo. Es el Dios de la Vida haciéndose presente en nuestra vida; es el Dios de lo Escondido, cuidándonos desde lo pequeño; es el Dios del Amor, demostrándonos desde lo cotidiano lo mucho que nos quiere.

Es importante que asimiles este término porque quiero explicarte que Fermín y yo nos conocimos gracias a una *diosidencia*. O, mejor dicho, gracias a varias.

Soy de esas personas que pueden emplear horas y horas en una librería, especialmente si es cristiana. Y, por supuesto, jamás salir con las manos vacías. Me encanta pasear por los pasillos, sin prisas, empapándome de ese aroma tan característico a papel viejo. Me apasiona bucear en los títulos, las sinopsis y las páginas, esperando a que alguno toque mi corazón. Disfruto enormemente del remanso de orden, silencio y paz que traen esos lugares, y que tanta falta nos hace en un mundo a veces caótico.

Fue en una de esas mañanas de verano, disfrutadas tranqui-
lamente en una librería cristiana de Málaga –bendita la suerte
de ser *boquerón*–, cuando me encontré con el primer libro de
Fermín. Ya me disponía a salir, con una bolsa repleta de varios
tomos recién comprados, pero algo hizo que me detuviese. Primera *diosidencia*. El título, *Muéveme*, captó mi atención ense-
guida. «¿No es ese el título de la canción?», me pregunté. Tras
eso, leí el nombre del autor y lo entendí todo.

No había tenido el placer de conocer a Fermín Negre en
persona. Lo había visto en algunos conciertos de Ixcís. Conciertos en los cuales mis amigas y yo siempre nos ponemos
en primera fila para cantar a viva voz todas las canciones.
Semanas antes, había coincidido con él en una misa de di-
funtos. Segunda *diosidencia*. Era la primera vez que asistía
a una eucaristía celebrada por Fermín y salí completamente
maravillada por la actitud tan serena y cálida que había mos-
trado. Por todo esto, no me importó que en mi bolsa hubiese
ya cinco libros. Cogí *Muéveme*, me lo llevé a casa y lo devoré
en una semana.

Soy misionera digital. Eso significa que mi trabajo consiste en evangelizar en redes sociales. Una de las cosas que
hago es recomendar libros cristianos para fomentar así la lectura entre los más jóvenes. Tuve claro que aquel libro debía
tener su hueco en mi perfil. Cuando comenté sobre el mismo,
destaqué algo que sería lo que nos uniría a Fermín y a mí
tiempo después. Dije -y cito textualmente, «al principio, la
lectura puede resultar un poco caótica. El estilo de Fermín es
espontáneo, va dejando fluir las palabras (…) lo he valorado
como una característica propia del autor, donde las líneas que
parecen ser incoherentes entre sí son capaces de crear una
melodía preciosa».

Alguien le mandó esa reseña a Fermín. Tercera *diosidencia*. Entonces él me hizo llegar algunos álbumes de Ixcís y

un gran «gracias» por haber reseñado su libro. Según él dijo, había dado en el clavo con aquel apunte a su estilo. Y es que verdaderamente es una obra para dejarse mover con él.

Aunque no estamos aquí para hablar de *Muéveme*, sino de *Dejarme hacer*. Y es que, si la primera entrega de Fermín nos invitaba a movernos hacia él, con él y por él desde lo profundo, esta segunda nos lleva a un paso más. Ya estamos *atrapados* en el amor de Dios y ahora queremos aprender a dejarnos hacer por él. Acoger su voluntad, ser vasijas de barro en sus manos, bailar a su compás. Esa es la clave para vivir en modo cristiano, tal y como afirma el autor.

Fermín nos trae un nuevo libro, con ese estilo tan libre y a la vez ordenado que engancha y enamora al lector que lo sostiene, tenga la edad que tenga. Me consta que el autor desea llegar a todos los públicos, incluidos los jóvenes. Y es que a veces parece que nuestras generaciones –la de Fermín y la mía– están a años luz y que no pueden enseñarse nada la una a la otra; parece que el rollo de los mayores no nos interesa, y la jerga de los jóvenes es inentendible para los de cierto recorrido. Nada más lejos de la realidad.

En las siguientes páginas encontrarás la propia historia de Fermín, entretejida con la Palabra viva que se hace carne en sus anécdotas, encuentros con otros, pensamientos y canciones. Bucearás en capítulos de diferentes temáticas con las que, estoy segura, te sentirás identificado en muchos momentos, sin importar tus años de vida. Fermín nos hablará de la oración y sus dificultades, pero también de cómo es lo único que consigue afinar nuestras vidas; de la contemplación y de cómo vivir más desde dentro que desde fuera; de ser cortafuegos en un mundo de guerras y batallas; de la soledad como losa pesada que cae en nuestros hombros o como querida amiga que nos acompaña; de los «cócteles de amor» que a veces nos montamos, y de ser agapornis en tu relación de pareja; de los tres cristianos que llevamos dentro: el de orilla, el anfibio y el de altamar; hasta encontrarás teología de la cotidianidad. Todo esto acompañado con la esencia de este libro: el humor. Porque ya sabes lo que dicen –y Fermín lo repite en su *Autoprólogo*–: un santo triste es un triste santo. Y la vida ya es demasiado seria como para no quitarle hierro al asunto de vez en cuando.

¿Me permites un consejo? Medita cada capítulo con tranquilidad. Al final de este encontrarás siempre una lectura bíblica para profundizar. Así que te invito también a leerla. No corras, aunque últimamente estemos tan acostumbrados a la inmediatez. No tengas prisa por acabar y llegar a la meta, pues lo que importa de verdad es el camino recorrido. Saborea cada palabra. Deja que se muevan en ti. Descubre en cada capítulo la lección de vida que esconde. Siéntete barro y déjate modelar por Dios en tu lectura.

Los que me conocen saben que mi lema es «bailar al son del Espíritu Santo». Cada uno de nosotros baila de una manera distinta, pues nuestra relación con Dios es única e intransferible. Algunos bailan *break-dance*, otros bailan *vals*; unos están en competición de alto nivel, otros están recién aprendiendo a dar pasos; unos siguen ensayando mientras otros se dejan llevar por completo. En una Iglesia donde cabemos todos, todos, todos –como repitió el papa Francisco en la Jornada Mundial de la Juventud en Lisboa– es precioso mirar a otros para valorar y aprender de su coreografía con Dios. Y quién sabe, quizá incorporar algún paso de baile al nuestro. He aprendido mucho del baile de Fermín con Dios. Primero con sus canciones, más tarde con sus libros. Y actualmente también espero seguir creciendo en amistad con él.

En este nuevo libro, el autor desea que te dejes hacer y que aprendas a bailar al son del Espíritu. Solo así llegarás al ritmo vital donde tu corazón empiece a latir al compás del suyo, donde tus ojos se aclaren de tal forma que puedas ver esas *diosidencias* que él te regala, donde te dejes a ti mismo ser barro modelable para que el Señor te transforme en vaso nuevo.

Deseo que este libro sea una brisa fresca del Espíritu, llenándote de amor y de vida. Y deseo que sigas bailando, dejándote hacer con confianza en manos del Señor.

Paula Vega @llamameyumi

Autoprólogo
El nácar de Dios

Un amigo de siempre con su finísimo humor que no ha perdido con los años: «Si escribes otro libro, podrías titularlo *Remuéveme*». Pensé: «Lógico. Después de *Muéveme* algo que sea capaz de remover desde dentro, no estaría mal». Y, aunque deseché la idea, el fondo permanece. Si por un solo instante algún párrafo o idea de estas páginas que estás comenzando llegaran a escarbar hasta aquel lugar íntimo y profundo que llamamos *corazón* agitando las ganas de vivir y despertando lo dormido pero esencial, me daría con un canto en los dientes.

Llevaba seis años de cura. En una de las charlas de formación contamos con una religiosa nazarena para que hablara a la comunidad parroquial. Si soy sincero, no recuerdo mucho de lo que habló, excepto una frase que, desde entonces, marcaría mi existencia. «Dejarnos hacer por él». Aquello fue para mí un descubrimiento, una luz nueva, un equipaje que me acompañaría el resto de mis días. Una vez terminó todo, llegué a casa, cogí la guitarra y nació un canto que quizás te suene: *Dejarme hacer*. Dos palabras para resumir mi deseo más insondable y, seguramente, la clave para vivir en modo cristiano. Así dice la letra: «Dejarme hacer (3) es cuanto pides de mí. Dejarme hacer de nuevo por ti. Dejarme hacer en tus manos, Señor». Está en YouTube en el canal del grupo Ixcís.

Dejarme hacer, en realidad, tiene mucho que ver con mi primer escrito, donde latían estos interrogantes: ¿quién mueve los hilos de mi vida? ¿Qué me mueve cada día a levantarme, a respirar, a latir? Ser conscientes de tantas veces en las que no ha sido él el movilizador. Uno mismo se ha trocado en quien ha marcado la ruta, ha ideado los planes, ha presentado los proyectos para que Dios después estampara su sello con lacre. Es hora de darle la libertad para que ponga patas arriba todas las certezas. Consentir su paso sin tapias ni verjas. Echarse a un lado para no obstruir ni interponerse en su trayectoria hacia nuestro centro. Entorpecer lo menos posible su acción en nosotros limpiando las cunetas de arbustos y malas hierbas como en las carreteras secundarias. Destrabando su iniciativa, soltar para dejarle *primerear.*

Qué magníficamente lo expresaba Henri Nouwen, uno de los autores que más han influido en mi espiritualidad: «La cuestión no es: ¿cómo voy a amar a Dios?, sino ¿cómo voy a dejarme amar por Dios?». Más pasivos que activos ante la acción del Espíritu. Nuestra actividad principal: quitar toda resistencia para recibir con anchura todo lo que Dios nos trae. Sin acotar fronteras ni límites. Cooperar con su gracia en nosotros. La única manera de conquistar a Dios es abandonar todas nuestras tierras interiores en sus manos y dejar que nos conquiste… o reconquiste otra vez para volver al primer amor. Viene a reconstruirlo todo. A hacer nuevas todas las cosas. Y una promesa llena de esperanza. Levantarnos desde las ruinas. Ruinas a nivel personal, eclesial, político y social. Rescatarnos de los escombros.

Carlo Carretto, después de una vida a tope de compromiso social y con un papel de liderazgo en la Acción Católica italiana, inició su andadura como hermanito de Foucauld en el noviciado en pleno desierto norteafricano. Su iluminación llegó cuando notó que mucho de lo que hacía no nacía de Dios, sino del imperativo *¡hay que hacer, hacer, hacer!* Se dio cuenta de que «se pretende construir para Dios sin Dios». Solo dejándose refaccionar por el Amor encontraría ese amor. El proyecto más importante que tenemos entre manos somos nosotros mismos y dura toda la existencia. Dejarse hacer es hacer sitio al Espíritu. Atreverse a disminuir y decrecer para que él crezca y se haga inmenso en nosotros. La vida de fe consiste más en acoger y recibir a Dios como don y regalo. Es la capacidad de dejar espacio a la riqueza de un Dios que se te quiere regalar. Más que un montón de compromisos y trabajos a realizar, la tarea más importante consiste en aprender a recibirnos desde Dios y a recibirle como el Huésped que no se queda en el vestíbulo, sino que recorre cada habitación de nuestras moradas. Suya es la obra. Si no, en vano se cansan los albañiles, construyan lo que construyan.

Dios es capaz de sacar de nuestras chapuzas verdaderas obras maestras. Él no se rinde ante nuestro barro al verlo frágil y con grietas, ni tampoco lo margina. Lo coloca en su lista de prioridades. Es que Dios sigue trabajando. «Mi Padre sigue actuando y yo también actúo». Todos los días. Obras inacabadas somos. Ningún desánimo ante lo que ahora vemos en nosotros. Todavía queda mucho por cincelar y esculpir. Motivo permanente para creer, razón para la esperanza, para seguir confiando, a pesar de que el presente parezca afirmar lo contrario. Dios, orfebre capaz de convertir la *desgracia* en *gracia*. Decía Ernest Hemingway: «Todos estamos rotos, así es como entra la luz». Su luz se desparrama entre nuestros resquicios y desgajamientos.

Las perlas se originan por la entrada de una sustancia extraña –parásitos o granitos de arena– en el interior de una ostra. En su parte interna se encuentra el nácar, una sustancia

lustrosa. Cuando un grano de arena penetra, las células de
nácar comienzan a trabajar. Van recubriendo ese granito con
capas y capas de nácar para proteger y defender el cuerpo
indefenso de la ostra. Como resultado, se va moldeando una
hermosa perla. Una ostra que no ha sido dañada y herida no
puede producir perlas. Así funciona también el nácar de Dios
en nuestras semblanzas.

«Toda vida –comentaba el escritor Louis de Wohl– es
el relato de un viaje». Te invito al mío. Somos una película
en progreso. Ningún fotograma nos define por completo. Ni
aquel que quisiéramos que desapareciera de nuestro viaje
ni el que nos gustaría enseñar a todo el mundo. Somos una
sucesión continuada de fotogramas. La unión de todos al
final narrará cómo de interesante, tediosa, apasionada, auténtica, ha sido nuestra propia aventura. Comparto trazos
de mi biografía que, por lo que sea, han ido apareciendo sin
buscarlos. Unas veces, nacidos en conversaciones con familiares y amigos recordando batallitas y otros tiempos; otras,
disparados como saetas del disco duro vitalicio donde se
guardan tantos recuerdos perdidos y arrinconados. Bucean-
do en las minúsculas historias y anécdotas de mi vida para
encontrarme con los regalos más inesperados y bonitos. Pasadizos desconocidos del alma.

Perspectiva histórica de Dios en tu caminar. Abrazar lo
que fue, es, y apertura a lo que vendrá. Volver a releer momentos vitales, pero con una mente abierta y una mirada de
fe. No es nostalgia para quedarte ahí, sino para comprenderte,
amarte y tomar nuevas fuerzas y luz. Contemplar descubriendo las semillas de Dios en tu gleba. No somos una concatena-
ción de acontecimientos desbalagados y desconectados entre
sí. Cada acontecimiento, por pequeño que parezca, está íntimamente relacionado con los demás. La compañía silenciosa
de Dios, de repente, se vuelve palabra que te lo explica todo.

Si me has leído antes, sabrás que bebo de muchas fuentes, aparte de mi propia biografía. El Evangelio es el hontanar que unifica mis reflexiones, el Agua que da sentido a todo. Bebo de la Palabra. Dios anda bajo la apariencia de un jardinero con la Magdalena, bajo la apariencia de un peregrino con los de Emaús o la de unos caminantes que buscan hospedaje con Abrahán. Ojos para contemplarlo en cada rostro y lugar. Bebo también en la sociedad en la que estamos inmersos y la Iglesia a la que amo, aunque no concuerde con todo. Me fascina encontrar aguas limpias y refrescantes en los pozos de los demás. Dichos, poemas, pensamientos, canciones… No me importa la abundancia de citas. Me alegra que otros expresen mejor que yo en breves frases lo que quiero decir. Es como cuando me dicen que, a través de una canción, le he puesto letra a un sentimiento que no sabían cómo expresar. He añadido un número mayor de oraciones y microcuentos propios. Uso el lenguaje de las nuevas tecnologías y múltiples referencias a otros libros, música, deportes, periódicos y películas (mis aficiones). Soy amante de nuevos vocablos y anglicismos (de mi etapa de maestro de filología inglesa). Abundan máximas y apotegmas que son como pórticos de luz hacia nuevos paisajes y guiones no escritos. No quería notas explicativas a pie de página. Dejo al final de cada episodio los textos bíblicos que están en el trasfondo. Cada reflexión, lógicamente, se entiende mejor desde ellos.

No trato de cerrar temas, sino, todo lo contrario, abrirlos. En algunas cosas doy mi opinión. Como la misma palabra indica es opinable. Así que no me lancen al fuego y a las fieras. Examinadlo todo y quedaos con lo bueno. Y, por último, el sentido del humor. No hay nada más serio en el mundo que reírse de uno mismo y esbozar una sonrisa al mal tiempo. Espero que la lectura de cada capítulo tenga hondura y, a la par, sea divertida. Un santo triste es un triste santo.

Una sugerencia. Leer un capítulo al día masticándolo
y saboreándolo. Cuando te quieras dar cuenta, lo habrás
terminado. Si eres de devorar más que de bocadito diario,
regresa a aquellas páginas en las que algo te hizo detener
la lectura porque rozaba de alguna manera tu alma. Un
favorcillo. Si crees que a alguien le puede hacer bien bajar
su barro a este obrador, te animo a ser canal que comparte
en vez de estanque que retiene. Que rule el boca a boca y
el WhatsApp a WhatsApp para que más gente se atreva a
dejarse hacer. Iré comentando y compartiendo noticias en
mis cuentas @ferminnegre de X e Instagram, y en mi página de Facebook Fermín Negre. Ahí os espero.

Isabel Allende confesaba: «Nadie sabe para quién escribe.
Cada libro es un mensaje lanzado en una botella al mar con la
esperanza de que llegue a otra orilla». Los milagros existen.
Que haya llegado esta botella llena de letras a tus manos, entre las miles que se lanzan al mar cada día, es para mí un pequeño milagro. Gracias de corazón. Ojalá te haga disfrutar y
aporte algún color nuevo a tu andar. Deseo que bajar al taller
del Alfarero te haga sentir su toque de ternura amorosa que
cierre alguna brecha y sane alguna herida. Y en este mismo
instante me nace esta oración:

Igual que una vez me tejiste en las entrañas de mi madre
y me fuiste formando, no me abandones, Señor. Todavía no
soy una criatura completa y concluida. Lo seré cuando descanse y sea definitivamente en ti. Hasta que te ame sobre
todo lo que existe, hasta que mi pensamiento no cese de
tenerte presente, hasta que mis cinco sentidos estén en ti,
sigue reconstruyéndome, Señor, en las entrañas del devenir
de mi propia historia. Aquí y ahora.

Dios descubre en nuestro barro infinitas posibilidades.
Nuestra greda habla. Nuestra arcilla es el lugar del encuentro
con el Dios de la tierra. El trabajo de los restauradores es

minucioso. Trabajo laborioso y delicado de Dios. Ahormar nuestro corazón con el suyo. Cincelar con cuidado hasta llegar a la figura más hermosa. Sin más, desciende y adéntrate en las estancias de la Orfebrería de la Vida. Y un ritornelo que resume cada página que te aguarda: déjate mover, amasar y hacer por él.

¡Nos rezamos!
Jr 18,1-6

1

Ni un chanquete

Debajo de un árbol. En el llano y en el monte. En el camino. En las casas. En la sinagoga y en el templo. Él compartía la buena noticia en los más variados escenarios. Su púlpito no se ceñía a un espacio sagrado y único. Su púlpito era el mundo. El mundo es sagrado. En esta ocasión le sirvió el lugar habitual de trabajo de aquel Simón que todavía no sabía muy bien de qué iba la película y quién era su protagonista. Desde su barca, sentado, aquel extraño maestro enseñaba a la gente en la augusta belleza de aquel lago santo. Qué necesario prolongar el púlpito del templo hasta situarlo en el hogar, en las barras de los bares, en los campos de deporte, en la universidad y la escuela, en hospitales y plazas del pueblo, en la oficina y grandes superficies. Bien sabía Jesús que su predicación quedaba mejor grabada si iba acompañada de imágenes y parábolas que de complicadas teologías llena de conceptos. Si quieres resultados diferentes, no utilices los métodos de siempre. Algunos ya están obsoletos.

Llega el carpintero y le dice al pescador profesional que hay una mina de peces esperándoles. *¡Zapatero, a tus zapatos!*, pensaría internamente. «No tiene lógica. Si lo sabré yo. Además, tú vienes fresquito, pero yo estoy muy fatigado de la noche entera bregando. ¿Este quién se cree que es? Llevo toda mi vida en estas aguas y las conozco como si fuera un pez. Y hoy no hay ni un chanquete». Traducido a nuestros días. «¿Quién se cree que es? Acaba de llegar a la parroquia y viene a enseñarme a mí que llevo treinta años aquí». Pasa mucho. Y en todas partes. Todos marcamos territorio, a menos que hayamos aprendido el arte de dejarnos sorprender para recibir lo bueno que se presenta. Necesidad de una apertura de miras salpicada de dosis de humildad.

Y viene una de las respuestas claves para la pastoral en tiempos de vacas flacas, a pesar de las múltiples iniciativas y estrategias emprendidas. Pedro no posterga ni procrastina. Se pone en marcha. «¡Vale, vale! Saldremos a echar las redes por tu Palabra, porque tú lo dices, en tu nombre. No va a servir de nada, pero saldremos». Al despertar cada mañana qué bueno sería, después de dar gracias, decir: aquí estoy, Señor, envíame a los mares de la vida. Voy en tu nombre, de tu parte, fiado en tu Palabra. En tu nombre quiero partir, ya sea a lavar los platos, a cuidar a los enfermos, a dar la catequesis. Todo en tu nombre, sea lo que sea, y no en el mío. Para tu gloria, no la mía. Me dejo el ego en casita y me revisto de tu Palabra. Ya no soy yo el que hace y deshace. Te doy permiso y carta blanca.

Uno de mis primos tiene un barquito y su afición es la pesca. ¡Cómo disfrutamos mi franciscano del alma y yo el día que nos llevó a pescar! De hecho, cogió una pieza enorme de no sé cuántos kilos y cuando fue al club de pesca, alguno le dijo: «¡Claro! Así cualquiera. Llevabas doble ayuda divina». Cosas que pasan.

Rema mar adentro. Tres palabritas que se las trae. Cada vez que las escucho, algo se remueve en lo hondo. Siempre. ¡Qué bien nos conoce! Sabe de nuestra tendencia a apasionarnos al principio y a irnos desinflando a medida que avanzamos en la senda del seguimiento. Bucear en las profundidades. En relaciones personales, con hondura, saliendo de la superficialidad de compartir lo último que te ha llegado al móvil. En la eucaristía, fundiéndose en el Misterio y en la comunidad, sin tener la cabeza en miles de asuntos que no puedes resolver mientras estás celebrando. En las posibilidades creativas y nuevas que tu actividad te ofrece para reinventarte y no quedarte como esos animales disecados de los museos de ciencia natural. En el corazón herido de los más pobres, dejándote afectar. En las calles de tu ciudad, latiendo con toda la vida que bulle a borbotones en las aceras y en las avenidas. En vez de ausentarse y evadirse, adentrarse en nuevas geografías.

Rema mar adentro. Y entonces empiezan a hablar los cristianos que llevamos dentro. El de orilla, el anfibio y el de altamar. El *cristiano de orilla* aconsejándote que más vale malo conocido que bueno por conocer, pese a que se esté muriendo de ganas de embarcar al ver cómo cada alba muchos se abalanzan mar adentro. Acomodado en lo seguro y lo de siempre, aunque en tu existencia insulsa no sucede nada interesante. Como afirmaba Tennessee Williams, autor de *Un tranvía llamado deseo*, «hay un tiempo de partir, incluso cuando no hay lugar cierto al que ir». O, si no, te quedas anclado en aquella tristeza existencial con la que se marchó el joven rico. El *cristiano anfibio* que vive *entre dos aguas* –¡Cómo tocaba este tema el gran Paco de Lucía con su guitarra de seda!–. Dependiendo del terreno me meto en el agua o me quedo en tierra. Con esta gente mejor en la orilla, con esta otra no me importa mojarme. Puro transformismo. Fe arrodillada en la cobardía disfrazada de prudencia. Vida anfibia que no termina de decidirse por tierra o mar. Lo quiere todo, pero lo pierde todo. Ambigüedad que te fractura. Nadar y guardar la ropa. No muy lejos de la orilla por si se revuelven las olas. Y el *cristiano de alta mar* que se deja transportar por las velas izadas de la confianza en el Espíritu con el horizonte en nuevos puertos.

Los tres cristianos se pelean en nuestro interior. Solo uno de ellos alcanzará a conocer la Vida en plenitud. Podemos ser de aquellos que ven cómo los demás fletan sus embarcaciones en aventuras por mares desconocidos. La seguridad de hacer pie en la arena nos hace estar tan resguardados en la orilla que preferimos quedar atracados en la mediocridad y la rutina. Erramos al llamar tierra firme a lo que, de hecho, es también tierra de paso. En realidad, la única tierra firme y cierta será cuando lleguemos al puerto definitivo. Tenemos una natural resistencia a salir de lo conocido, de lo seguro, de algunas cosas que hacíamos o creencias que ya no tienen sentido. Mejor aferrarse a lo de siempre, sin peligros ni amenazas de quedarse bajo la intemperie. ¿Mejor? Como narro brevísimamente en este microcuento:

«Se tiró toda la vida construyendo aviones, pero no se atrevió a volar».

De cristianos de orilla pasamos a la siguiente fase. Cristianos anfibios. Aprendemos a estar en el agua, con los ojos avizores contemplando ahí cerca la tierra de las certezas. Por si acaso. Es como aquello que dicen que «hasta que no tiene el pie en la chancla nueva bien cómodo y seguro, no saca el pie de la chancla vieja». Compatibilizar caminos opuestos que terminan por partirte en dos.

Y, por último, están los que sueltan amarras, tiran por la borda todas las excusas y miedos y zarpan con la única confianza de saber quién tripula el batel. Lo cantaba Remedios Amaya en Eurovisión. Su barca se hundió en el último puesto, pero su pregunta sigue viva: «¡Ay! ¿Quién maneja mi barca?». Vivir es éxodo y tierra prometida, salida y llegada para volver a emprender una nueva partida. Los dos movimientos están bien inscritos en nuestro corazón. Experimentar cada éxodo como tierra prometida y cada tierra prometida como éxodo, hasta arribar en el último y ansiado muelle. La sabiduría de Khalil Gibran: «Dicen que antes de entrar en el mar, el río tiembla de miedo. (...) Solamente entrando en él diluirá su miedo porque sabrá que no se trata de desaparecer, sino de convertirse en océano».

La barca repleta. Sin él, aridez y escasez. Con él, la lonja llena. Cuántas veces nos hemos cansado porque no hemos recogido nada y hemos puesto ilusión, tiempo y las mejores energías en lugares, proyectos, personas. Quizá creíamos que era nuestra obra, que nos bastábamos a nosotros mismos, que nuestras cualidades eran suficientes... Cuando te haces a un lado y él toma el protagonismo, comienzan a suceder milagros. Ya no te hundes de desánimo. Lo único que casi naufragan son las barcas de tanto pez dentro. El mar es el mismo. ¿Qué ha cambiado? Que las riendas de la faena se las has dejado al gran Pescador. La diferencia: pasar de la desconfianza ante la esterilidad en la misión al abandono confiado en su Palabra, a pesar de tantas jornadas de pesca infructuosa o a que solamente se hayan pescado malos ratos, críticas y rechazos. Cuando iba a pescar, de pronto veía que se hundía mucho el corcho de la boya. Y al tirar de la caña en vez de alguna presa lo que traía el anzuelo era algún plástico, variadas algas o algún trozo de red perdida en el fondo del mar.

> En nuestras apatías,
> tu pasión por el reino.
> En nuestras decepciones,
> tu rebeldía y entusiasmo.
> En nuestros desengaños,
> la seguridad de tu amor.
> Que nunca, Señor, nos falten motivos
> para seguir luchando cada día
> y salir a altamar de pesca contigo.

Dejándolo todo lo siguieron. Pescadores pescados. Marengos que van a recorrer otras aguas y con otros motivos. Como el premio nobel de literatura André Gide escribió: «La gente no puede descubrir nuevas tierras hasta que tenga el valor de perder de vista la orilla». La costa atrás; la vida delante. Se buscan nuevos expedicionarios. Quien ha contemplado el mar, ya no se conforma con riachuelos secos. Ese mar es la fuente escondida, el tesoro oculto. Ante tantos nadadores de orilla... buceadores del Infinito. Una confesión. Vivo como si el mar estuviera tirando de mí.

Sígueme.
Deja atrás todo lo que te atrapa.
Suelta todas tus amarras
y comienza a navegar en libertad.

Sígueme.
No te preocupes si me fallaste o si me fallarás.
Esa es la arcilla
con la que haré milagros de amor.

Sígueme.
Deja tus redes, tus apegos, tus cadenas.
Quema los arados que te hacen mirar atrás.
Tenemos un camino muy bello por delante.
Un camino de entrega, de servicio, de alegría.
Hoy, por fin, es el día que estabas deseando.
Salta, lánzate y abísmate en mis océanos.
Confía en mí. Tan solo, sígueme.

¡Nos rezamos!
Lc 5,1-11

2
Saliendo de la rotonda

Hacía mucho calor. Había tenido una mañana intensa de sacramentos. Iba con los tres monaguillos ya adolescentes que habían estado ayudando. Me paré frente al puesto de los helados. «¿Un helado?». Dos de ellos en seguida y sin atisbo de duda: «¡Sí, claro!». El otro: «Me da igual». Siempre decía «me da igual». En el fondo, se moría de ganas. Me enfundé la coraza de hombre duro. Compré tres helados. Dos para los del sí y otro para mí. «Como te da igual y pones en mis manos la responsabilidad de tomar la decisión, hoy me voy a ahorrar unas pesetillas» (los euros eran ciencia ficción por aquel entonces). Ese día no hubo refrigerio para quien profesaba una indiferencia ignaciana sin mucha convicción. Me dolió más que al pobre crío. Como a los padres cuando tienen que reñir o reprender a sus hijos. Su cara, todo un poema al vernos devorar aquella delicia en medio de un *caloret* digno del libro de las Lamentaciones.

Me lo encontré unos años más tarde. Me refrescó esta anécdota que tenía en el olvido. «Me dolió, pero aprendí. Gracias». Trauma superado. Saber expresar lo que deseas, y no te atreves por no molestar. Superando el miedo al rechazo. Sin estratagemas de *bienqueda*. Y así encargarse de la propia vida. Mi admirado Facundo Cabral lo expresaba de este modo: «Dios te puso un ser humano a cargo y eres tú mismo. A ti debes hacerte feliz y libre. Después podrás compartir la vida verdadera con los demás».

Hay quien por decir no se siente mal y culpable. Hay igualmente quien no sabe decir no y, más tarde, lo lamenta internamente. Aprender a decir no sin perder la paz. Muchos problemas comenzaron por decir sí cuando en realidad queríamos decir no. Y al revés. Cada día despegan un montón de aviones delante de nosotros. No podemos subirnos más que a uno o dos. Los demás, dejarlos volar y despedirlos con serenidad y alegría. «La bondad implica también la capacidad de decir que no», afirmaba Benedicto XVI. Y mi madre me recordaba a menudo que *más vale una vez colorao que un ciento amarillo*. Aprender a decir no cuando realmente es lo que queremos, aunque a alguien pueda no gustar oír nuestra negativa. A veces damos una respuesta sin pensar y meditar. Hay muchas situaciones en que no hace falta cavilar nada. Hay claridad. En otras ocasiones es mejor orar o tomarse un té y dejar reposar a ver cómo reacciona tu mente, tu cuerpo, tu ser. Y no precipitarse.

Estamos con la eterna duda de «¿y si no...? ¿Y si no sale, y si no llego, y si no acierto?». Temor a pifiarla. Y vamos aplazando el comienzo, el nuevo paso que toca dar y hasta retrasamos el amor. Quien no quiere algo, buscará excusas. Quien lo desea con toda su alma, buscará soluciones. Sientes como si la vida se hubiera convertido en un sudoku y tú solo sabes jugar a la oca. Alargamos la decisión hasta que un golpe nos despierta... o no. Tiempo de cambiar la pregunta por «¿y si sí...?».

El Congreso Internacional de Teología decidió encargar la ponencia central a un teólogo desconocido y considerado del montón. Se quedó sorprendido cuando recibió la noticia. Nervioso afrontó la tarea, pero muy ilusionado. Llegó el anhelado día. Realizó una brillante conferencia que provocó que todos los congresistas, puestos en pie, se unieran en una gran ovación. Respiró con alivio. Una vez en los pasillos, una persona metida en años se acercó y le agradeció la ponencia, porque había tocado su corazón. El teólogo quiso indagar –con el lógico ego– qué parte le había llegado más. Le contestó: «Cuando usted terminó y dijo "punto y final". Esa es la parte que me ha impactado como una daga en lo más hondo». El conferencista se quedó un poco aturdido por la respuesta. Y aquel hombre continuó diciendo: «El ímpetu con que ha pronunciado esas palabras ha sido como el aguijón que necesitaba para acabar con un tema que llevo arrastrando desde hace muchos años y no era capaz de decir "basta". Usted me ha dado el impulso. Gracias de verdad. No voy a postergar ningún día más mi resolución». Lecciones. Humildad y confianza en Dios. Creemos que nuestras palabras y saberes son los que transforman vidas, pero Dios utiliza los medios y maneras que le da la gana. Y una pregunta incómoda. ¿A qué historia tendrías que decir *punto y final*?

Algunos dicen que Dios es su GPS. También yo he utilizado esa imagen. Tenemos alguien que nos conduce y no permite que nos perdamos del todo. Por desgracia… o por suerte, Dios no es, técnicamente hablando, un *Global Positioning System* (Sistema de Posicionamiento Global). Al menos uno que suena con voz enlatada que puedas oír. «Sal de la rotonda y toma la segunda salida, luego sigue recto dos kilómetros y habrás llegado a tu destino». Alguno preferiría que fuera así para no equivocarse en la vida, para no tener que tomar decisiones. Mejor, rutas trazadas sin margen de error. Y en la oficina interior del ser, despido improcedente de la libertad. Renuncia a la búsqueda. Ocurre con frecuencia que la seguridad del aparato te despista. Iba a dar un retiro a una comunidad del MAC (Movimiento de Acción Cristiana) a unos cuantos kilómetros de

Fuengirola. No sabía exactamente dónde era. Puse el navega-
dor y la ubicación que me indicaba me mandaba directamente
a Marruecos. No le hice caso. Decía san Agustín: «El hombre
ora no para orientar a Dios, sino para orientarse a sí mismo».

Unos arqueólogos encontraron en una de las pirámides de
Egipto, junto a las galerías que daban a las estancias donde
estaban los sepulcros de los faraones, otros pasadizos secre-
tos. Eran falsos. Se abrieron para que los posibles profana-
dores y ladrones se perdieran en unos laberintos traicioneros
y evitar que alcanzaran el codiciado botín. El rumbo no está
señalado con esas lucecitas en el suelo que encuentras en los
pasillos del hotel, en el avión o en las salas de cine. Estas
palabras de J. Campbell han viajado conmigo desde antiguo:
«Hay algo dentro de ti que sabe cuándo estás en el centro, que
sabe cuándo estás en el rayo de luz o fuera de él. Y si te sales
del rayo de luz para ganar dinero, has perdido tu vida. Y si te
quedas en el centro y no ganas dinero, aun así, alcanzarás tu
felicidad. Debemos dejar ir la vida que hemos planeado para
poder aceptar la vida que nos está esperando». En ocasiones
la existencia es como un coche girando en una rotonda sin
cesar. Quizás haya llegado el momento de probar alguna de
las salidas que te sacan del mareo de la glorieta. O, si no, nos
tiraremos toda la existencia dando vueltas sin llegar a ninguna parte en alguna rotonda del viaje.

Cuando tienes que elegir entre un camino que de sobra sabes que no te hace bien y un camino que te llena de vida, no
hay nada que discernir. Está claro. Bromeaba con una catequista en una fiesta de la parroquia: «Te has bebido toda la
botella de vino». Me respondió con un atisbo de dolor: «Yo no
bebo. Tuve un buen maestro... mi padre. Sí. Era alcohólico».
Clarividencia sin confusión nacida de una herida profunda.
Una experiencia te marca el horizonte futuro sabiendo perfectamente que ahí no es..., aunque nadie se libra de autoengaños

y pretextos para transitar de nuevo por sendas conocidas por la amargura que esconden. Masoquistas que somos.

Ya lo dejaba cristalino el libro del Deuteronomio: «Ante ti pongo el camino del bien y el camino del mal, el camino de la muerte y el camino de la vida». Queremos catar todos los caldos, incluso sabiendo que algunos nos sientan mal... por si acaso. Mientras los probamos saben a cielo y gloria, pero terminan sabiendo a infierno y lágrimas. Unas experiencias te anclan el alma en la consolación más radiante mientras que otras te la dejan maltrecha y desolada. ¡Cuántas veces en la cuerda de equilibrio de la contradicción paulina de dejar de hacer el bien que deseo y, en cambio, hacer el mal que no quiero! Ahí me he visto frecuentemente con cara de tonto cuestionándome yo mismo «si sabes que esa decisión te regala solo tristeza y vacío, ¿para qué la vuelves a tomar?». Contradicción que experimentó como un aguijón aquel apóstol recio y santo. Contradicción que se da en nosotros, en cada caminante que aspira a la santidad. Hay puentes que se han roto y es mejor no reconstruirlos. Saliste de allí maltrecho y hundido. Algunas veces es necesario marcharse y otras lo único que se puede hacer es cambiar el modo de quedarse. Destruir puentes que levantaste con muy buena intención, y que se convirtieron en murallas contra ti mismo. Hay lugares –situaciones– a los que sabes que no deberías volver porque son lugares que no te dan ya nada.

Dos hijos. Uno dice no, pero va a trabajar a la viña. A regañadientes. Prostitutas y publicanos de todos los tiempos. El otro dice que va a ir, pero se queda viendo la última serie que no se quería perder. Los sumos sacerdotes y ancianos del pueblo. Los que llevamos una buena temporada en estos lares cristianos. Los que dijimos sí podemos estar diciendo no con nuestras vidas, y viceversa. Nos adelantarán. Hay otra posibilidad. Decir sí e ir a la viña cada jornada. Se esté como se esté. Unos días cantando y otros sin ninguna chispita de ganas. En la viña nos encontraremos con otros hermanos que tendrán como nosotros sus luchas interiores con esas dos palabritas tan cortas y definitorias: con sus propios síes y noes. Comprensión compartida. Todos estamos en la misma canasta.

El juego de la cerilla en mi adolescencia. Encendíamos una cerilla, la íbamos pasando y a quien se le apagaba se le podía preguntar cualquier asunto. La única regla era que la respuesta solo podía ser sí o no. En aquellos años del pavo no faltaba la pregunta por los amores: ¿Te gusta *menganita*?

Prefiero para discernir la regla del «tanto cuanto» de san Ignacio: «El hombre es creado para alabar, hacer reverencia y servir a Dios nuestro Señor y, mediante esto, salvar su alma; y las otras cosas sobre la haz de la tierra son creadas para el hombre y para que le ayuden en la prosecución del fin para que es creado. De donde se sigue, que el hombre *tanto* ha de usar de ellas, *cuanto* le ayuden para su fin, y *tanto* debe privarse de ellas, *cuanto* para ello le impiden». Siempre funciona.

Y por seguro, como aquel monaguillo, la próxima vez que me ofrezcan un helado en medio de los sofocos que esté viviendo no diré «me da igual». Lo cogeré y me refrescaré. Dios me quiere libre en mis decisiones. Asumiendo las consecuencias. Para llegar a la libertad, hay que aprender el arte de elegir y la sabiduría de renunciar. Libres para liberar.

Libres para decir no.
Liberados de la hipocresía, la violencia,
la mentira, la oración vacía, el qué dirán,
la comodidad enquistada, las jaulas de oro,
la búsqueda enfermiza de aprobación,
los apegos que controlan la voluntad,
la indiferencia ante los pobres.
Liberados en ti, Señor.

Libres para decir sí.
Libres para liberar y servir.
para amar y perdonar,
para anunciar y denunciar.
Libres para soltar los miedos en ti.
Libres para decir no. Libres para decir sí.
Libres para ir a tu viña. Libres en ti, Señor.

¡Nos rezamos!
Mt 21,28-32, Rom 7,15-20 y Dt 30,19-20

3

Superman

Una de las atracciones que más me divertían del parque Tívoli World era meternos en el laberinto de cristales, donde más de uno se pegaba un buen tortazo contra el cristal invisible que creíamos que no estaba, jugando al *pilla-pilla*. Nos reíamos mucho. No fallaba entrar en la sala de los espejos que deformaban graciosamente tu cuerpo. A lo ancho, a lo alto, caras distorsionadas, cuerpos desfigurados. ¿Cómo nos percibimos? ¿Qué refleja el espejo? Quizá la charla crucial pendiente que tienes en la agenda es contigo mismo. Esa es la que te llevará a la paz interior. Y ese espejo está en la mente.

Los fantasmas y monstruos más dañinos no están fuera, sino dentro. Acogerlos para afrontarlos y amablemente decirles adiós. Cuando te aceptas y acoges incluso en tus defectos y caídas, ya nadie podrá dominarte y usarlos en tu contra porque no podrán lastimarte.

Con los mensajes que nos dirigimos nos vamos creando una maraña interior que podría llegar a ser autodestructiva. Y en todos los ámbitos. El físico, para muchos, es el comienzo del desamor con uno mismo. Hacer amistad con el propio cuerpo. «No más retoques. Acepto mis arrugas», afirmaba en una entrevista la magnífica cantante Paloma San Basilio. Pensarse y mirarse sin maltratarse. Como dice un amigo mío que *no tiene abuela*: «No le gusto a todo el mundo porque no todo el mundo tiene buen gusto». Por contra, aquella que por no disgustar no era capaz de cambiarse de dentista, a pesar de que le había sacado una muela buena en vez de la picada.

Vivir sin afecto ni cariño hacia ti mismo es un infierno. Un error no puede definir ni abarcar la totalidad de lo que eres. No *autoboicotearse* más. El cerebro es un experto en estas malas artes. Sentirte en casa contigo mismo, sin tratar de huir lejos. Feliz en la propia piel. A los ojos de los demás es una persona brillante, con capacidades y talentos. A sus propios se ningunea y rechaza. Paradoja que ocurre.

Todos, de algún modo, necesitamos sentirnos queridos o deseados. ¡Quiérete! No solo te quieras cuando las cosas rueden bien. Quiérete cuando sientas que no eres suficiente, cuando tengas roto el corazón, cuando estés triste o cometas alguna metedura de pata. Quiérete. Hazlo siempre. Hasta el mejor escribiente echa un borrón. El autoconcepto es fundamental. El concepto que tenemos de nosotros. Nuestras gafas están empañadas si absolutamente todo lo que contemplamos en nosotros es negativo; o si, por el contrario, es positivo. Llegar al equilibrio y reconocernos en lo blanco y lo negro y en los grises. Otro asunto en las antípodas es lo que decía un profesor criticando los tiempos que corren en los cuales no está bien visto corregir al alumno. ¡Cuidado con lesionar su autoestima!... aunque estén en Bachillerato y no sepan poner una tilde. Sana autoestima es recibir con humildad las palabras que pueden hacerte bien. No es fácil aceptar las correcciones, aunque, a la larga, son las que ayudan a salir de los lugares equivocados.

Primordial. Llegar a acoger las caídas y yerros como cauce de crecimiento y aprendizaje continuo, y no como fracaso que hace que el mundo se hunda y detenga... porque, de hecho, sigue dando vueltas. ¿Cuántas salidas nulas tuvo que hacer

Carl Lewis para ser *el hijo del viento*? ¿Cuántas pelotas contra la red tuvo que estrellar Carlos Alcaraz para ganar su primer Wimbledon ante Djokovic? ¿Cuántas canastas lanzó Pau Gasol, tocaron el aro y no entraron para llegar a tener su número de camiseta retirado con los más grandes en la pista de *Los Angeles Lakers*? Nos debemos paciencia infinita. La que tiene Dios. Nos debemos mucho amor sobre todo cuando nuestras fragilidades de toda la vida –cada cual tiene las suyas–, vuelven a aparecer y parecen persistir y resucitar.

Síndrome del impostor. También llamado síndrome del fraude. Trastorno psicológico en el cual las personas exitosas son incapaces de asimilar sus logros. Tendencia a minusvalorar los éxitos. A pesar de los buenos resultados, piensan que no se lo merecen, que no están a la altura, que los demás no conocen su verdadera valía –que es nula–, que están engañados. Se mezclan la baja autoestima y el perfeccionismo. Ocurre. De aquí surgió este microcuento *Menos y más*:

«Nadie le pedía tanto, pero su autoexigencia terminó rompiéndolo en pedazos. Y comprendió por fin que a veces *menos* termina siendo *más*».

Mejor vivir compartiendo que compitiendo. Compararse con otros es fuente de insatisfacción. Ir amando y acogiendo con aceptación y alegría creciente la persona que somos, independientemente de lo que piensen los demás. El autor de *Platero y yo* lo tenía claro: «Ni el elogio me conmueve ni la censura me inquieta. Soy como soy. Nada me añade el aplauso y nada me quita el insulto». Y esto de uno de los más ilustres bonaerenses:

–Borges, usted es un genio.

–No crea. Son calumnias.

La autopercepción lo cambia todo, el modo en que te interpretas. Cuando olvidamos quiénes somos, nos perdemos por parajes que no son nuestros. Cuando aceptamos quiénes somos, los caminos en los que estamos serán cada vez más nuestros.

«Nadie será útil ni será fiel a nada, si no es fiel ante todo a sí mismo» comentaba Antonio Gala en una de sus últimas entrevistas. Nunca seremos idénticos a nadie. Afortunadamente. Soy consciente de que cuando he vivido para complacer las expectativas de terceros, se ha ido diluyendo y desactivando mi esencia y he abandonado mis necesidades más íntimas y profundas. Es perjudicial proyectar las propias expectativas en los demás. Nos apresuramos a definir a los otros basados en una sola acción o aspecto de todo el espectro que configura y es la persona. A un único rasgo concreto le damos más peso que a la totalidad de su ser. El todo siempre es mayor que la parte. De ese modo somos injustos con los demás. También con nosotros mismos cuando por un hecho o un matiz particular, nos denigramos y desaprobamos. Imitamos y copiamos a otros para ser aceptados, queridos, reconocidos, con el peligro de perder nuestra propia identidad y principios. Lo que más afecta a la autoestima es la comparación: creerte inferior o superior a alguien.

Un estudio de Cambridge afirma que únicamente una de diez fotos se vuelve a ver al año de haberse tomado. Hay en Google un espacio llamado el limbo de los recuerdos (*the limbo of memories*). El cementerio de millones de fotos arrinconadas y abandonadas. Casi el 70% de los jóvenes encuestados confirmaba estar más preocupado de compartir sus experiencias que de vivirlas y gozarlas. Se retransmite lo que comes, los lugares que visitas, lo que te acabas de comprar. Una puesta en escena y actuación más en el teatro del mundo virtual donde es más importante la impresión que generas en los que ven tus redes que tus propias vivencias. Experiencias que solo importan un momento para dar lugar a otras más recientes. Agotamiento y tensión continua para agradar, tratando de ocultar los aspectos desagradables. *Postureo* lo llaman. Mucha infelicidad detrás de muchas de las fotos sonrientes que contemplamos a diario. Poner tu alegría en el número de seguidores y *me gusta* es dejar tu felicidad en manos de gente que ni llegarás a conocer. Buscar la estima en el sitio erróneo. La psicoterapeuta Virginia Satir afirmaba con rotundidad: «No podemos dejar que las percepciones limitadas de los demás terminen definiéndonos».

Dos imágenes que rulan por internet con significado semejante. Una cabeza de ajo con todos los dientes bien puestos. Uno de ellos, en vez de ser un diente de ajo, es un gajo de mandarina que cabe perfectamente. El resultado era una cabeza de ajo, pero con un diente de mandarina. La otra. Un plato encajado en una alcantarilla de rejilla como si fuera un escurreplatos. Moraleja. No todos los emplazamientos en los que encajas son donde perteneces. Podemos encajar en algunos trabajos, esquemas, espacios, y no por ello quiere decir que sea nuestro lugar en el mundo. Puede ser que nos hayamos esforzado en acomodarnos en esa situación para no seguir explorando. Porque seguir buscando cansa y mucho. Todos queremos tener la sensación de haber llegado ya a la estabilidad definitiva. Y ese lugar parece que tendrá que esperar. Mejor asumir que, en cierto sentido, mientras caminamos por la tierra, siempre seremos como un gajo de mandarina en medio de un montón de dientes de ajo o un plato en una alcantarilla. Versión gráfica de *El patito feo* que escondía el cisne más bello. Tres pasos ineludibles para un sano amor a uno mismo: estar contento en tu propio pellejo, aceptarte con tus limitaciones y talentos y mirarte con los ojos de amor con los que Dios te mira.

Es capital cambiar esa voz interior que te maltrata negativamente por una más amable. Nadie más amable que Dios. Importa mucho más lo que somos a los ojos de Dios que a los ojos de la gente. El lugar que ocupamos en su corazón no puede ocuparlo ni quitártelo nadie. Cuando nos menospreciamos a nosotros mismos, estamos menospreciando al Dios que nos habita.

Para grabarlo, como los herreros de *Forjado a fuego*, no en una espada, sino en el alma. Aunque me considere una causa perdida, Dios no piensa igual. Aunque sea un *auténtico desastre*, Dios es capaz de sacar una obra maestra de mis desperfectos y chapucerías. No merecemos su amor, pero nos lo da incondicionalmente. Ni llamarnos hijos suyos, pero nos abraza y hace fiesta sin preguntar ni reprochar nada. No meritamos lo que nos da, pero nos lo sigue entregando todo. Tú, Señor, me amas aun en mi oscuridad; no te marchas como hacen algunos.

No te canses de mí, Señor,
al ver que no doy fruto
y ocupo terreno en balde.
No pierdas la paciencia.
Algún día de estos,
ayudado de tu gracia,
responderé por fin
con abundancia
y daré todo aquello
que has sembrado en mí.
Que yo tampoco me canse
ni pierda la paciencia conmigo
y con los demás.

Recuperar ese orgullo sano de sentirnos valiosos y amados. Escribí un canto corto para recordarme que no tengo que envidiar a nadie por lo que tiene y por lo que es, sino mirarme y reconocerme como una obra del gran Artista. Ni Miguel Ángel ni Velázquez ni Dalí crearon una obra tan bella como la que hizo Dios conmigo… y contigo. La letra es una breve oración para llegar a querernos como nos quiere Dios. «Enséñame a quererme con tu misericordia, enséñame a mirarme con tu misericordia, enséñame a aceptarme, perdonarme, acogerme... tal como me amas tú». Ya sabes, cuando alguien te diga que *no sirves, no vales, no eres nadie*, vuelve tu mirada a quien te esculpió y dite: «No tengo que demostrar nada a nadie». Mi valía no depende de la opinión de los demás, sino de la voz que no se cansa de repetirme: «Tú eres mi hijo amado». En palabras de Isaías: «Porque eres precioso ante mí, de gran precio, y yo te amo» y del Deuteronomio: «Si el Señor se enamoró de vosotros y os eligió, no fue por ser vosotros más numerosos que los demás, pues sois el pueblo más pequeño, sino por puro amor a vosotros».

Es una de las historias reales que más me han conmovido y marcado. La suelo compartir en charlas, retiros, ejercicios, ponencias. *Superman*, el de los setenta, encarnado por Christopher Reeve. Joven, atractivo, exitoso. Estrella del cine mundial. El orbe a sus pies. De pronto en un concurso de equitación, de salto con obstáculos, salió despedido al otro lado de la barrera. Tetrapléjico en silla de ruedas. Le pidió a su mujer Dana que se buscara otro hombre, que él prefería morir cuanto antes, que no quería suponerle una carga. Ella le remarcó: «Te diré una cosa. Te apoyaré en todo lo que quieras hacer porque es tu vida y tu decisión. Pero quiero que sepas que estaré contigo para siempre, toda la vida, hasta el final. Sigues siendo tú y te amo». Él escogió la vida y el amor. El amor salva.

Adenda a lo anterior. Cuántas veces, en momentos de desesperanza, he escuchado como si Dios me dirigiera esas mismas palabras: «Te amo y no importa lo hondo que hayas caído. Nada ha cambiado para mí. Tú sigues siendo tú. Sigues siendo precioso a mis ojos».

¡Nos rezamos!
Is 43,1-5, Is 49,14-16 y Dt 7,7-8

4

La chiquilla invencible

Inercias que se van normalizando e instalando dentro. Dinámicas y estilos que te van absorbiendo. Vidas que se enmarañan en círculos que ahogan la alegría de vivir. En tres palabras. *Rapidación.* Dispersión. Activismo.

Primera. Rapidación. Así lo expresa la encíclica *Laudato si'*: «A la continua aceleración de los cambios de la humanidad y del planeta se une hoy la intensificación de ritmos de vida y de trabajo, en eso que algunos llaman *"rapidación"*». Velocidad infernal. Imparable vértigo. Llegar a todo con la lengua fuera y el alma agostada y sin agua. Eficacia máxima. El tiempo que no se traduce en oro no es tiempo bien empleado. De una cosa a otra sin descanso como de un video a otro en TikTok. Como la rueda donde el ratón de laboratorio corre y corre, pero no avanza ni llega a ninguna parte.

Incluso para rezar vamos corriendo. En vez de *Rezando voy* hacemos *Rezando vuelo.* Hay que salir a la calle y hacer una manifestación para reivindicar y arengar un elogio a la lentitud, a la pausa, al descanso, al domingo (ya no hay reposo ni los domingos) frente a la dictadura impuesta de la aceleración y las carreras. Como aquel del que decían que corría tanto que llegaba a los destinos antes que su propio coche.

Necesitamos el *timelapse* en nuestro vivir. La técnica de cámara rápida para ver lo que el ojo no puede captar. Por mucho que observes una flor a simple vista, imposible percibir su crecimiento aquí y ahora. Seguro que has visto alguna vez algún vídeo con una imagen superralentizada donde se ve la hermosura de cómo crece una semilla o nacen los peces de unos diminutos huevos. Que no lo vean nuestros ojos no quiere decir que no esté sucediendo. El milagro de la vida suele ocurrir en silencio, poco a poco, en proceso. Adelantarlo produciría la desgracia de malograr a alguna criatura. Como unos padres que notan los cambios en sus hijos a medida que los zapatitos se les van quedando pequeños o porque cada vez pesan más cuando los cogen en brazos. Detener el reloj para disfrutar lo que está aconteciendo. Que no se nos escapen los días como arena entre los dedos.

«Vísteme despacio, que tengo prisa». Pantalones que al sacarlos de la lavadora han dejado toda la ropa con miles de *mijitas* de los pañuelos de papel que me olvidé en los bolsillos con las prisas. O derramo el té o se me cae el vaso. Otros despistes que cuestan un ojo de la cara: dejarte las llaves dentro porque llegas tarde y la consiguiente *multa* del cerrajero de setenta *eurazos*. No podemos tomarnos cada jornada como un esprint. Aminorar la marcha. Desacelerar. Desde el altar se ve con facilidad quién está pendiente del reloj. Habría que aprender del ritmo de las celebraciones de África. Recuerdo con gozo en Zimbabue eucaristías tan vivas de dos y tres horas que parecían de media hora. Aquí, media hora a algunos les parece una eternidad.

Dicen que le preguntaron a Buda: «¿Qué has ganado con la meditación?». Él respondió: «¡Nada! Sin embargo, he perdido la ira, la ansiedad, la depresión, la inseguridad y el miedo a la vejez y a la muerte».

Segunda. Dispersión. Distracción compulsiva. Nos distraen de la verdadera felicidad. Nos quieren convencer de que no puedes ser feliz si no te diviertes, sales de marcha, te vas de juerga, te emborrachas, tienes relaciones sexuales con quien surja, viajas sin parar... Y ahora tenemos el móvil, la heroína sin jeringuilla del siglo XXI. *¡No pares! ¡Sigue, sigue!*, estribillo de verano que hacía bailar en todas las ferias de los pueblos. Engullidos por *el tiburón.*

Pero... ¿no consistirá la felicidad en vivirse con paz interior? Dormir a pierna suelta en paz con todo el universo. Es lo que en el fondo todos buscamos. Hay quien piensa que hoy el ser humano está vacío. Creo que el problema es el opuesto: está lleno, atiborrado de infinitos estímulos que, prometiendo más, lo dejan con menos. Aquel que sigue la moda del momento tiene el peligro de ser devorado por la moda siguiente. Es urgente despertar, liberarse de tanta presión externa para entrar en una vida nueva llena de profundidad, plenitud y sentido.

Cada cuatro años, cuando llegan los Juegos Olímpicos, hay una competición que intento no perderme: la gimnasia. Me encantan las barras asimétricas, las anillas con esos *cristos* suspendidos en el aire. Siempre me ha impresionado la anchura de la barra de equilibrio. Diez centímetros. Solo cabe un pie en paralelo. Ejercicios que duran medio minuto entrenados durante cuatro años. Horas, horas y más horas de trabajo. Caídas dolorosas. Saltos mortales. Tanto sacrificio para un rato tan cortito. Treinta segundos de concentración extrema y, aun así, no clavan todos los ejercicios y saltos en el suelo. Dedicación extrema. Concentración máxima. Para quitarse el sombrero.

Un barbero comentaba que en cada pelado se lo jugaba todo. Cada cliente es el primero y el último, aunque haya cortado el pelo a varios ese día y tenga en la cola esperando otros cuantos. Todo su mundo: la cabeza que tiene entre sus manos. Nada importa más en ese momento. Cien por cien enfocado.

Presente. Plena atención. Ni distraerse con una mosca. Y yo, desconcentrado y metido en mis preocupaciones, ¡cuántas veces dejo el coche en el aparcamiento de un centro comercial y luego no encuentro dónde lo estacioné! ¡Menos mal que el Señor no me llamó para peluquero! Tuvo compasión de su pueblo.

Tercera. Activismo. *Burnout.* Síndrome del trabajador quemado. Uno de los síntomas de nuestra época contemporánea. La *cronopatía.* La enfermedad del tiempo. Aprovechar cada segundo trabajando. No saber descansar. Impresión de estar perdiendo las horas. Montones de papeles sobre la mesa. Si me cruzo de brazos, ya no gira la Tierra. «Ten cuidado con el vacío de una vida muy ocupada», afirmaba Sócrates; y el inmunólogo G. Uhlenbruck, por su parte, sentenciaba: «Algunos confunden una vida plena con una agenda llena». No siempre días a tope y repletos de actividades significa tener una vida realizada.

Todo lo que hacemos nos transporta a algún sitio. Más cerca o más lejos de nuestro centro. Gente que enferma cada vez más de ansiedad, estrés y nervios. Es cuando te preguntan «¿Cómo estás?» y te sale de las entrañas un *mu liao, agobiaísimo.* Seguro que no te gustaría que el epitafio de tu tumba rezara: «Trabajó mucho. No vivió nada». Pues, deja de ameritar. Saber dejar algunas tareas para hacer bien las más necesarias. Modo ahorro de energía. «El jugador se está comiendo al hombre», respondía el futbolista Varane al ser preguntado por qué siendo tan joven dejaba la selección francesa. ¿A quién le doy la primacía de mi tiempo? Peligro común. Confundir tu trabajo o labor con lo que eres. Somos mucho más de lo que hacemos, aunque en lo que hacemos se transparenta mucho de lo que somos. Somos seres humanos, no haceres humanos. Con frecuencia se nos olvida.

Todo pasa por la simplicidad. Disfrutar de las cosas más sencillas y, si puede ser, junto a otros. Sin necesidad de planes complicados. Antes la existencia estribaba en trabajar; ahora parece que solo en divertirse. Se buscan todo tipo de experiencias y medios. Hasta que llegas a la conclusión de que como mejor te lo pasas es con un amigo tomando un café, leyendo un libro, escuchando música, con tu familia (y ahora con mis cuatro sobrinos nietos que son la alegría de la huerta). Esto no quiere decir que no viajes a lugares nuevos y tengas noches especiales. No obstante, la felicidad la alcanzan aquellos que disfrutan de lo que trae cada amanecer sin distraerse con lo que puede traer el mañana. ¡Cuántos programas de futuro se han ido al guano!

La semilla germina. El reino de Dios no llegará espectacularmente, sino en humildad y sencillez. Cuando hay amor. Sabiendo esperar. Sin ser cortoplacistas. Con miradas que vislumbran horizontes lejanos que se acercan. Venciendo la tiranía de lo momentáneo, derrotando la cortedad de miras. Su reinado no viene a base de codos como si fuera una oposición, sino de confianza. Nos cuesta pensar en procesos, en ir gestando los objetivos con la misma paciencia del labriego al acercarse a la tierra. Somos de la generación del mando a distancia. Pulsamos un botón y tenemos lo que queremos. La vida es otra cosa.

«El reino de Dios se parece a un hombre que echa semilla en la tierra. Él duerme de noche y se levanta de mañana; la semilla germina y va creciendo, sin que él sepa cómo». No depende de nosotros, aunque cuenta con nuestras manos. Descansa. No eres el Mesías; solo un colaborador más. Jesús no curó a todos los leprosos. No alimentó a todas las multitudes. No estuvo en todas las bodas por si faltaba el vino. Relájate. No todo depende de ti. Acepta los límites. Eso sí, trabaja por intentar transformar el ámbito de acción que te ha tocado en suerte. Concéntrate en tu porción. Confía. Todo está bien. Todo está en las mejores manos. Hay esperanza. Con la perseverancia de la joven que protagoniza este microcuento que titulé *La chiquilla invencible*:

«Y aunque muchos se empeñaban en pintarlo todo de negro, ella no se rendía. Se escapaba cada mañana y salía a pintar el mundo de colores y cada noche sacaba a pasear a su estrella para iluminar los cielos. "Solo pierde el tiempo", murmuraban las almas que vivían sin esperanzas. Y ella seguía a lo suyo con la misma ilusión del primer día».

Que corra por nuestras venas la necesidad de gritar en azoteas y rascacielos: ¡Es posible! ¡Es posible! Porque la semilla germina lentamente y sigue creciendo imparable, aunque no la veamos. Casi nadie cree ya en la esperanza de una sociedad más humanizada, menos rápida, más consciente de la maravilla de ser familia, de vivir saboreando cada encuentro. Yo sí creo. ¿Quién se une a este canto? Hace falta más música en la tierra. Gente que cambie las armas por guitarras, las soledades por canciones de amor, los agobios y cargas por caricias y besos. Gente que acoja la invitación de P. Casaldáliga: «Sed escandalosamente utópicos. Revolucionad la sociedad en que vivís, empezando por vuestro propio corazón, por vuestra vida diaria».

Sigamos construyendo sin desanimarnos porque parezca que nada avanza. Ni el mundo ni nosotros. Sin perder el ánimo. Con la mirada puesta en quien silenciosamente sigue conduciendo y atrayendo todas las gentes hacia el amor. Todo pasará… menos tú, Señor:

El cielo y la tierra pasarán…
ese problema que tengo hoy,
ese pozo del que creía no poder salir,
esa tristeza que llena mis ojos de lluvia.

El cielo y la tierra pasarán…
ese éxito que hace que me crea de otra pasta,
ese cargo que me hace sentir por encima,
esa imagen en la que me endiosan y encumbran.

Al final, todo pasa.
Solo queda Dios y su amor,
y el amor, poco o mucho, que hayamos puesto
en cada mirada, en cada abrazo,
en cada palabra, en cada gesto.

Todo pasará…
menos tú, Señor.
El cielo y la tierra pasarán,
pero tu amor nunca pasará…
porque tu amor es nuestra última estación.

¡Nos rezamos!
Mc 4,26-29 y Sant 5,7-8

5

Las vidrieras de Notre Dame

He tenido varios pinchazos en el coche a lo largo de mis años de conducción. Cuando venía alguien conmigo, todo era más fácil y relajado. Seguridad de que entre los dos lo sacaríamos adelante de un modo u otro. Con alguien a tu lado, los pinchazos –y no solo en la carretera, también en la vida– se superan mejor. Esta sociedad, sin embargo, nos está *evangelizando* continuamente con el mensaje de que no necesitamos a nadie. Y poco a poco va calando.

A los poderes fácticos les interesa imponer el individualismo. Nos animan a liberarnos de vínculos vecinales, comunitarios e incluso familiares para, sin referencias ni raíces, manejarnos a su antojo. Solos a merced de sus voluntades de control. Nos quieren como átomos independientes, sin relación. Atomizados, aislados, conectados para desconectarnos. Incluso el fomento de espiritualidades diseñadas para la conexión con el ser supremo y la desconexión con los demás seres. Los otros son compromiso y atadura, opositores de nuestra felicidad. Vía despejada para someternos con las nuevas esclavitudes del siglo XXI. Esclavos haciéndonos creer que somos libres. La gran estafa. Y funciona.

Eslóganes y propaganda en redes. Es mejor un perrito que formar una familia y, que conste, que echo de menos a *Nisca*,

Jara y *Pandereta*, compañeras de cuatro patas de vida comunitaria. Robots de compañía en Japón para la soledad alimentada tras la incitación constante a vivir para uno mismo, sin lazos ni relaciones personales. Fragmentación que nos lleva a despreocuparnos de las causas ajenas, excepto si nos afectan directamente. Cuando no hay comunidad, somos una multitud informe a merced del reyezuelo de turno. «Aquí todos van a lo suyo, menos yo que voy a lo mío», solía repetir con guasa un camarero que conocí. La erosión de lo comunitario. O aquello de «en comunidad no mostrar habilidad», vaya a ser que se den cuenta de tus talentos y te pongan en un brete. Me comentaban que en el camino de Santiago uno de los peregrinos omitía mencionar que era fisioterapeuta porque si no, no le iban a dejar tranquilo tras cada etapa.

Junto al egoísmo personal —sálvese quien pueda—, observo el peligro de un egoísmo familiar. La familia cerrada en sí misma, girando en torno a «los míos», desgajada de las necesidades más allá de las puertas de casa. ¿Qué hacer para revertir esta dinámica? Importa si el asunto te atañe a ti o a alguien de tu parentesco; si no, puede estar ardiendo el mundo, que no me preocupa. Frente al *individualismo* imperante, algunos sociólogos hablan de vencerlo con el *familiarismo*. Me gusta el palabro. Ir creando sentido y atmósfera familiar en los círculos y ambientes donde se mueve la persona. Vincularse mutuamente hasta sentir que el otro no es extraño, sino familiar. Ser argamasa entre los compañeros de trabajo, los vecinos del barrio y el pueblo, dentro de la comunidad cristiana y, por supuesto, en la propia familia natural. Frente al aislamiento, redes comunitarias. Juntos lloramos, juntos reímos.

Entre el individuo y la comunidad hay una interconexión parecida a cuando compras un mueble de esos que tienes que montar en casa. Las piezas por sí solas no forman el mueble. Pero el mueble sin las partes está incompleto. Y eso de que el mobiliario de esas cadenas de moda es fácil de montar, que se lo digan a otro. En algún que otro montaje, me ha pasado que me sobraban tornillos. Durante el mes de actualización teológica que se realiza en Roma después de años de ministerio, hubo algo que me llamó particularmente la atención. Residíamos en el Colegio Español durante el llamado, entre nosotros, *curso de reciclaje.* Misa privada de muchos curas estudiantes para encajarla como una cosa más en sus horarios, prefiriendo celebrar solos a estar con la comunidad. Como Juan Palomo, «yo me lo guiso, yo me lo como». Fe un tanto individualista y acomodada a los propios intereses. Abuso de la potestad recibida. Y, en tantos lugares del mundo... sin eucaristía.

Koinonía. Solos, gota de agua. Juntos, corriente, río, océano. «Cuanto más unida estoy a Jesús, más amo a todas mis hermanas», recordaba santa Teresita. Y Di Stéfano decía: «No hay mejor jugador que todos juntos». Cuando las cebras están pegaditas unas a otras en la manada, los patrones de sus rayas confunden a los leones, que ven una gran mancha y les cuesta distinguir a las posibles presas individuales. Autodefensa grupal.

Entre todos se alcanza a interpretar la sinfonía completa. Falta mucho para conseguirlo. Dios, en ocasiones, nos llama a ser solistas siendo parte de la gran coral de la humanidad, nunca desgajados de las demás voces. Llegar a diluir los desafinados con la fuerza del conjunto. Cuando cantas, el ánima se conecta íntimamente. Cuerpo, corazón y voz se unifican hasta que llegas a transformarte en la canción que cantas. Nos ha pasado infinidad de veces con Ixcís. No basta cantar, sino hacerte uno con lo que cantas y quienes cantan. Todos uno. Llegar a transparentar la paz, la luz, la unidad, el amor... en definitiva, a Dios. Una misma canción atravesando los corazones de los que cantan y escuchan. La

canción de la unidad. Caminar con una sola alma. *Sinodali-
dad*. El Espíritu, el engrudo más perfecto que nos fusiona en
el amor.

Cuentan que un antropólogo planteó una carrera entre los
niños de una aldea africana. Bajo un árbol situó un cesto lleno
de frutas. «El que llegue primero y toque la cesta se llevará
como premio toda la fruta que veis dentro». Dio la señal de
salida y, en lugar de salir corriendo, se dieron la mano y llegaron juntos. Se soltaron alrededor del cesto y lo tocaron al
mismo tiempo. Hubo para todos y compartieron la rica fruta.
Nadie se quedó con más ni con menos. El antropólogo, sorprendido por la manera de afrontar la carrera, les preguntó:
«¿Por qué no habéis luchado para ganar la recompensa?».
Los niños, al unísono, gritaron: «¡*Ubuntu*!». Preguntando al
sabio de la tribu por tal expresión, este le aclaró su significado: «Yo soy porque nosotros somos y, dado que somos,
entonces soy». Y continuó: «¿Cómo puede cualquiera de nosotros ser feliz mientras los demás no lo son? Si ganan todos,
tú ganas». Así lo explicaba el arzobispo anglicano sudafrica-
no Desmond Tutu: «Una persona con *ubuntu* es abierta y está
disponible para las demás, respalda a las demás, no se siente
amenazada cuando otras son capaces y son buenas en algo,
porque está segura de sí misma, ya que sabe que pertenece
a una gran totalidad, que decrece cuando otras personas son
humilladas o menospreciadas, torturadas u oprimidas». Sin ti
no soy; contigo, soy. Todos uno.

Contemplar al Dios Trinidad es contemplar su proyecto
para el universo: la unidad. El Dios Familia es el origen de
la unidad en la diversidad. El deseo más profundo del corazón humano es la unión completa con Dios, con los hermanos y con toda la creación. Importante distinguir entre unión
y reunión. Dicen que a los primeros cristianos se los comían
los leones y a nosotros, las reuniones.

Francisco habla de la necesidad de «arquitectos del diálogo». Uno de los deportes más practicados entre nosotros es despellejarnos. Hay quienes creen que quien piensa distinto es su enemigo. Quizá sería bueno que cada uno se mirase y revisara con sinceridad si está siendo artesano de comunión o causante de división con su vida y sus palabras (también en las redes sociales). La tarea empieza por uno mismo. Hay una mano invisible que hace que toda la diversidad y multiplicidad de seres tengan un nexo, un núcleo común, y no es la mano de Adam Smith. Somos un cuerpo con partes bien diferenciadas. Hay a quienes les gustaría que el cuerpo estuviera formado solamente por brazos, por piernas, por dedos, dependiendo si ellos son brazos, piernas o dedos. Uniformados quedamos deformados. ¿Un cuerpo solo con brazos, solo con pies, solo con dedos? «Si no eres brazo como yo, no cabes», parecen decir. Frente a una Iglesia hecha de leyes y letra muerta, una de personas vivas.

La Iglesia nunca ha sido una realidad monolítica en la que todos sus miembros opinan y piensan lo mismo. La diversidad siempre existirá, aunque algunos se empeñen en negarla. San Agustín dejó esta sentencia lapidaria que da mucha luz: «En lo esencial, unidad; en lo dudoso, libertad; en todo, caridad». Al final, el amor es la verdad más cierta. La última verdad. Saber distinguir lo esencial de lo dudoso. Algunos se enfrentan con otros por verdades tan cruciales de vida o muerte como si comulgo en la mano, de rodillas o en la boca.

Y así surge la pasarela de personajes que se dedican a quitar el ánimo. Los *esques*, los *siperos* (con *peros* a todo), los *estonosirveparanada*, los *nuncaestoycontento*, los *quitaganas*, los *siembradiscordias*, los *pegajontas* (siempre con pegas), los *esonosehaceasí...* y no sigo, que se me está cortando la digestión. Una cosa es el espíritu crítico constructivo y otra, el espíritu que contamina el ambiente de mal rollo e inquina sin aportar caminos. Y crean división. Gracias a Dios, frente a ese zoo encontramos a los *desatascadores*, que ante los problemas proponen posibles soluciones; los *peaceand-flowers* (paz y flores), que ante las discordias serenan los disturbios; los *vamosaporello*, que ante la desidia general se ponen manos a la obra; los *ambipur*, que purifican los malos olores perfumando el lugar; y los *nopasanada*, que ayudan a desdramatizar las tonterías que nos separan.

El pensar diferente no nos convierte en antagonistas. Cada cual habla desde su propia perspectiva. Aprender el arte de ponerse en el lugar del otro. La empatía. Sufriríamos menos y haríamos sufrir menos. La mejor manera de servir al otro es situarse desde el otro, desde sus necesidades, desde sus mocasines, desde su propia historia. Descentrarse para poner al otro en el centro. Cada uno entiende el mundo desde su propio mundo interior. Para comprender al que tienes al lado es imprescindible entrar en su mundo, aunque pueda ser diametralmente opuesto al tuyo. Qué maravilla si consiguiéramos estar los unos junto a los otros sentados conversando, compartiendo, sin tratar de convencer y moldear al de enfrente a nuestra imagen y semejanza. No como en esas tertulias *monoperfil* de tantas cadenas televisivas. ¿Por qué pensar diferente nos tiene que hacer enemigos? Ser en nuestra propia verdad para encontrarnos con la verdad del otro. Sin poner aduanas para pasar.

La Iglesia no es monocromática, sino multicolor. Todas las piezas deben encajar para formar el cuerpo de Cristo. Si dejas alguna fuera, no está completo. Judíos y griegos, esclavos y libres, heterosexuales y homosexuales, divorciados y bien casados, tradicionales y progresistas, del Madrid, Atlético o Barsa (¡mejor del Málaga!), de izquierdas, centro y derechas, de tu pueblo y de la Conchinchina… ¿Cómo ensamblar cada persona en el conjunto en vez de esa tendencia facilona a desechar si no se acopla a mi marco mental? He ahí el reto. Solo Dios ve el conjunto completo. Y nos quiere a «todos, todos, todos», como afirmó con rotundidad el papa Francisco en la Jornada Mundial de la Juventud en Lisboa. Por si se olvida.

Para que la misión de la Iglesia sea creíble y fecunda hay que mirar hacia dentro. La división y falta de comunión de unos con otros es la peor enfermedad. A la Iglesia no le faltarán los ataques desde fuera. Alguien comentaba que el problema más acuciante que veía es que nos vamos pareciendo más y más al camarote de los hermanos Marx. Cristo es el alfa y omega de la humanidad. Pertenece a todos. Es de todos, por mucho que unos cuantos se lo quieran apropiar y se crean con la exclusiva. Ni siquiera la propia Iglesia puede apropiarse de él, sino que está a su servicio con un corazón universal. Cuando decimos «Padre nuestro», estamos diciendo *hermanos de todos*. Jesús no nos enseñó el *padremío* ni el *padredealgunos*, sino el *padrenuestro*, que es el *padredetodos*.

Me impresionaron las vidrieras de Notre Dame. Cómo los rayos de luz atravesaban los colores de cada vitral y la luz se iba adaptando al color que encontraba en su camino. Ningún color es un muro que frena la luz. Y la riqueza de matices hacía de aquel espacio un lugar de luminosidad especial y misticismo único. Todos necesitamos de todos. El panadero del agricultor, el agricultor del camionero, el camionero del empleado de la gasolinera… y así hasta llegar el pan a nuestra mesa, gracias a una cadena que lo hace posible. El otro es Providencia de Dios. Dios provee a través de los ángeles que se acercan a nuestro Mambré cotidiano. No nos quiere uniformes ni iguales. Nos ha hecho diversos y diferentes. Y envía su amor y su bondad como lluvia sobre todos nosotros que somos distintas plantas. Cada una se desarrolla de modo peculiar siendo lo que es. La misma agua llega a todas las criaturas, pero cada una la recibe según su idiosincrasia y personalidad.

Escribía Lope de Vega en su famosa obra de teatro este célebre diálogo. Los habitantes al completo se pusieron de acuerdo para responder de la misma manera sobre la muerte de aquel Comendador que les estaba haciendo la vida imposible:

–¿Quién mató al Comendador?

–Fuenteovejuna, señor.

–¿Quién es Fuenteovejuna?

–Todo el pueblo, a una.

Somos uno con todos. Soy el enfermo de cáncer, la deportista de élite, el peluquero del barrio, el anciano de la residencia, la telefonista de la empresa, el niño del parque... Una enfermedad no solo afecta al enfermo, sino a todo su entorno. La familia y los amigos quedan envueltos. Cuando mi sobrino y vecino de abajo, después de duros años de estudio y varios intentos, aprobó las oposiciones, la alegría fue de la familia entera. Creo que tendríamos que tener cuatro corazones. Uno para Dios, otro para los demás, otro para nosotros y otro para la creación. En realidad, Dios nos ha hecho con su mismo corazón para amar en todo y servir a todos, para amar a todos y servir en todo. Y para que no sea una abstracción más a la que acostumbramos los que tenemos fe, nunca olvidar *servir en lo concreto*.

Servir en lo concreto:
Escuchar sin reloj a quien anda solo
y vaciarte de respuestas consabidas.
Perderte tu programa favorito
para dar un paseo con esa persona herida.
Dejar en la estantería de la tienda
aquello que no te hacía falta

y regalar su cuantía
a quien sabes que no llega
al final de la semana.

Servir en lo concreto:
Lavar los platos, poner la mesa,
tender la ropa, con sonrisas y sin quejas.
Adelantarte a abrocharle los cordones
antes de que tropiece el anciano.
Ofrecerte con alegría y presteza
cuando en tu comunidad
hace falta una mano.

La vida diaria en su sencillez
nos brinda tantas maneras de servir,
de bajar de las nubes la fe,
de aterrizar palabras y compartir
tu esencia en su desnudez.

Solo hay que estar atentos,
abrir los ojos y descubrir
que todo es una oportunidad
para amar y servir
en lo oculto y lo pequeño,
en lo desapercibido y discreto.
Y encontrar que el sentido de la vida
pasa por el amor concreto.

¡Nos rezamos!
Jn 17, Ef 2,19-22, Gal 3,28 y 1 Cor 12

6

¡Tierra, trágame!

Dedos en los oídos y con la saliva un toque en la lengua. Comentando esta escena de curación con un grupo de niños, uno no pudo refrenarse y exclamó: «¡Qué asco!». Y no le quité la razón. No poder comunicarse. Ni entrar en una conversación porque no puede seguirla, ni poder expresarse y ofrecer su opinión con sus balbuceos. Incomunicación. Aislamiento. Marginación. Tres etapas hacia la soledad no deseada. Sorderas y mudeces también en nosotros.

Contaminación acústica interna indeseable. Una persona callada no quiere decir que tenga su mente en reposo. Una amiga comentaba: «¿Tú has visto lo *callaíta* que soy? ¡Pues mi cabecita no para de hablarme! ¡Es una tortura china!». ¿Qué culpa tienen los chinos?, digo yo. Material inorgánico dando vueltas y vueltas en círculo. Cavilaciones infinitas. Runrún inagotable. La azotea a más de mil por hora. Una batahola interior casi asesina. Escribía en mi cuenta de X: «Si alguien conoce el método para que los pensamientos negativos dejen de torpedear y bombardear mi cabeza, que me lo pase». Varios tuiteros contestaron: «¡Y a mí!».

Acúfenos. Ruidos y pitidos desagradables en los oídos o la cabeza sin causa externa conocida. Pueden llegar a ser crónicos, aunque muchos solo duran, afortunadamente, cierto tiempo. A todos nos gustaría tener un mando universal para silenciar y apagar esos pensamientos intrusivos que se cuelan sin permiso. Se acabarían las existencias del producto en la primera media hora de puesta en el mercado. Como todavía –que yo sepa– no lo han inventado, habrá que hacer algún tipo de terapia de silenciamiento para acallar la mente y llegar a ser dueños de las verbenas que se celebran a costa de nuestra sesera.

La soledad no querida ni buscada es una losa cuando llega. Muchos están solos. Plaga del siglo en que más modos de comunicarnos han existido en los anales de la humanidad. Los perros pueden ayudar, pero no son la solución. No son nuestros iguales. Es alarmante que cada día once personas, entre ellas muchos adolescentes y jóvenes, recurran al suicidio. En Japón, para afrontar esta misma realidad, el gobierno erigió un Ministerio de la Soledad. Dolores silenciosos. Soledades esperando un carril de salida.

Historia distinta es la soledad como amiga. Soledad confidente. Una persona que se ha retirado a una vida de contemplación y clausura puede sentirse más acompañada que otra que está todo el día en las redes sociales y saliendo de fiesta. Seguramente. De eso va este microcuento *El encuentro*:

«Me retiré al silencio y la soledad para encontrarme con Dios. Y Dios hizo primero que me encontrara conmigo mismo».

La soledad es una gran maestra. Quien se hace amigo de su soledad sabrá acogerla cuando venga sin avisar, por sorpresa. Quien no aprende a convivir con ella, ya viva en pareja o sea célibe, buscará compensaciones en otros lugares y personas para huir de sí mismo. Esas huidas son espejismos de solución. Añadirán gramos de soledad y amargura a la soledad que ya se tenía. Y un par de citas a tener en cuenta.

Afirmaba el psiquiatra C. G. Jung: «La soledad es peligrosa. Es adictiva. Una vez que te das cuenta de cuánta paz hay en ella, no quieres lidiar con la gente». Y Charles Bukowski: «Saber mantener el equilibrio justo entre soledad y gente, esa es la clave, esa es la táctica, para no acabar en el manicomio».

Suelo meter la pata con frecuencia. Mi espontaneidad es un arma de doble filo. Experiencias de *¡Tierra, trágame!* tengo para dar y regalar. A todos la *sin hueso* nos ha causado malas pasadas. El auditorio pendiente durante tu charla y sueltas un chiste sobre una verruga para relajar el ambiente, cuando te das cuenta de que la persona que está en primera fila tiene una enorme y ya no puedes dar marcha atrás. Metes la pata y ya está. Te disculpas. No fue tu intención. Otra ocasión de deseos de desaparecer de la faz de la tierra fue cuando me entró hipo durante una eucaristía. Imagínate la homilía y la feligresía intentando no reírse. Me reí hasta yo. Menos sonrojo era cuando sonaban aquí y allá las tripas de los futuros sacerdotes durante la oración de Laudes en las tempranas mañanas del seminario.

Una cosa es *meter la gamba* y otra tener una lengua filosa. Me he decidido a traer ante ti esta cita casi completa de la Carta de Santiago en su capítulo tercero:

«Si alguien no falta en el hablar, ese es un hombre perfecto, capaz de controlar también todo su cuerpo. A los caballos les metemos el freno en la boca para que ellos nos obedezcan, y así dirigimos a todo el animal. Fijaos también que los barcos, siendo tan grandes e impulsados por vientos tan recios, se dirigen con un timón pequeñísimo por donde el piloto quiere navegar. Lo mismo pasa con la lengua: es un órgano pequeño, pero alardea de grandezas. Mirad, una chispa insignificante puede incendiar todo un bosque (…). Con ella bendecimos al Señor y Padre, y con ella maldecimos a los hombres, creados a semejanza de Dios. De la misma boca sale bendición y maldición. Eso no puede ser así, hermanos míos. ¿Acaso da una fuente agua dulce y amarga por el mismo caño? ¿Es que puede una higuera, hermanos míos, dar aceitunas o una parra higos? Pues tampoco un manantial salobre puede dar agua dulce».

Como para callar por un tiempo. Verídico. Después de centrar la predicación en el amor que se concreta también en nuestras palabras, una persona me viene y empieza a criticar a unos cuantos nada más salir de misa. La poetisa Josefina Pla coincide con Santiago. Así lo versa ella:

«Una boca tan solo
para el beso y el grito,
para la oración y la blasfemia,
para el suspiro y la mentira,
para el perdón y la condena».

Solo hace falta uno para que el fuego se detenga y no siga extendiendo palabras que hacen daño y provoquen un gran incendio de dolor. Y ese uno puedes ser tú... yo. Cómo me gusta esta parte de la canción «Todo es de color» de Lole y Manuel. La canción es una maravilla:

«De lo que pasa en el mundo, por Dios,
que no entiendo *ná.*
El cardo siempre gritando
y la flor siempre *callá.*
Que grite la flor y que se calle el cardo
y todo aquel que sea mi enemigo
que sea mi hermano».

Es urgente propiciar espacios de silencio en nuestras comunidades. La gente busca experiencias de encuentro consigo misma, de unificación del ser, de paz interna. Que no vengan a los templos no quiere decir que se haya apagado su hambre de búsqueda de una vida interior más plena. Muchos se aprovechan de esta hambre y ofrecen sucedáneos. Se habla de canalizar la energía, de recuperar tu centro. Se ofrecen una serie de actividades y talleres. Dios puede canalizar nuestra energía a través de la oración y el silencio. Además de celebraciones comunitarias y sacramentos, tenemos el reto de ofrecer vivencias de meditación. Si no, seguirán buscando fuera algo que nosotros tenemos, pero que no cuidamos. Por cierto, hay que poner en cuarentena la expresión «estás más *callao* que en misa». Tendrías que haber visto alguna que he celebrado. Y en los sacramentos de la *BBC* (Bautismos, Bodas y Comuniones), ni te cuento.

A veces es más importante escuchar los silencios que las palabras. Los gestos, la cara, incluso las lágrimas, llegan a expresar nudos inaudibles que necesitan salir. Se requiere una espiritualidad de oídos afinados y ojos abiertos. Receptividad, atención plena. A las continuas insinuaciones del Espíritu. Un silencio sanador y restaurador que abraza a la otra persona que sigue comunicándose y abriendo su misterio. En cuántas de nuestras conversaciones viajamos a miles de kilómetros de quien tenemos delante. ¿Cómo escuchamos a unos y a otros? ¿Con quién nos tapamos los oídos? Nos hacemos los sordos. Necesitamos una trompetilla.

Dios habla, actúa, late, obra en cada sonido y silencio. Como un compositor de obras maestras va uniendo notas y silencios para componer fantásticas sinfonías. Y manda callar al mar y los fantasmas que quieren enmudecer la música del alma.

Es importante ser conscientes y saber que detrás de muchos informativos hay una mano cada vez menos oculta que manipula descaradamente la realidad según interese ideológica y económicamente a los dueños del patio. Me produce mucha rabia, pena e impotencia. Se da voz a estupideces y se ocultan deliberadamente graves tragedias que están sucediendo en este mismo momento. ¿Has oído algo de Tigray o del genocidio de los rohingyas en Myanmar? Pregúntate por qué. Noticias que no quieren que escuchemos y veamos. De Jesús decían admirados: «Todo lo ha hecho bien: hace oír a los sordos y hablar a los mudos». ¿Quién se anima a continuar con esa tarea?

Abre los oídos y afina los tímpanos
para escuchar el grito de quienes lloran.
Abre los ojos a las maravillas de la creación
y asómbrate viendo a Dios en todo lo que existe.
Abre tu mente y deja que el Evangelio
sea tu brújula y estrella.
Abre los labios y tu boca
y profetiza la esperanza a los pobres.
Abre tu corazón y haz sitio en ti
a toda la humanidad.
Ábrete al soplo del Espíritu
que quiere hacer de ti una nueva criatura.
Ábrete al Amor más grande
para reflejarlo allí donde respires.
Ábrete. Sal de ti mismo,
derrama tu vida sin mediciones a la baja
y multiplica la justicia y el pan.
Grita tú también: *Effetá*.

¡Nos rezamos!
Mc 7,31-37 y Sant 3,1-12

7
Baile de derviches

Fe que ya no queda en la tierra. Un juez que va a lo suyo y una viuda cansina y *jartible*. Pretextos para señalar la necesidad de orar siempre sin desfallecer. Bien sabía Jesús que la oración no se parece a aquella comunicación instantánea, directa y fácil de cuando pequeños hacíamos con un hilo fuerte y dos yogures. Mensajes de ida y vuelta sin cuotas mensuales. Ya imaginaba que los que deseáramos seguirle rebuscaríamos trampas para hacer novillos en nuestra cita oracional. Como en cascada dejo aquí algunos de los peligros interrelacionados entre sí que se me han ido presentando en mi propia experiencia de oración... y que me acecharán hasta el final. Quizás a ti también.

Uno. Intermitencia e inconstancia. Cuando funciona a tirones y arreones. Faltar a la cita un día no es para que se caiga el mundo, pero ¡cuidado! si se va prolongando en el tiempo. A más oración, más ganas. A menos oración, menos ganas y más excusas... Como parapetarse en que oro mientras estoy de camino o en el trabajo –que también está bien–. Se puede convertir en una tapadera para no encontrar otro espacio más reposado durante la jornada. Y empiezo a justificarme y pasan los días y días hasta que algo hace que todo salte por los aires. Es como cuando haces dieta un mes, pierdes kilos, y en seguida que vuelves a comer los pillas de vuelta. El yoyó. Al regreso, agujetas. Retomas la marcha. Das el primer paso. Botón del *play* para que nos saque de la rutina negativa en la que nos hemos instalado. Como cuando arrancas el motor de un coche después de haber estado parado una temporada. Cuesta arrancar.

Dos. Pereza. La oración requiere concentración y esfuerzo. Igual que no se me ocurre faltar al trabajo, aunque tenga menos ganas que poner la tele durante una campaña electoral, convencerme de que mi primer trabajo es dejarme trabajar por Dios. No sé cómo nos las arreglamos. Siempre encontramos algo *mejor* que hacer. ¡Claro! Si no te presentas a tu puesto laboral, si no haces la comida para los tuyos, si te ausentas de la reunión que te tocaba coordinar, la gente se da cuenta. No así en la oración. Nadie te va a pedir cuentas... Termina, sin embargo, pasando factura. Falta de frescura. Hibernación espiritual. Corazón frío. Carámbanos que hielan el alma con fórmulas aprendidas sin fuego ni pasión. Los músculos de la oración oxidados y entumecidos porque no se han ejercitado.

Es verdad que la fe es un regalo y, más que alcanzarla, es un proceso de dejarse alcanzar. Pero hay que ponerse a tiro para que alguna de las saetas divinas atraviese con su calidez esa monotonía que recorre algunas etapas personales. Haces Ejercicios espirituales una semana o un retiro de un día y te quedas igual. Ausencia de la Presencia. No sientes nada. No hay ganas de oración y meditación y te parece que has perdido el tiempo y que no volverás a sentir el tacto amoroso de Dios. De repente, llega el martes siguiente y, en medio de una plaza, te encuentras a Dios que te envuelve y enciende como por vez primera. El fruto de no haber abandonado. Son sus tiempos, no los nuestros.

Tres. Miedo. A mirarte en el espejo de Dios. A internarte en tus profundidades. No quieres toparte con heridas cronificadas, con asuntos procrastinados, con invitaciones a salir de la comodidad –aunque infeliz– en que te mueves. Y esquivas a Dios esquivándote a ti mismo. Lo bloqueamos como a esas llamadas indeseables de teleoperadores que suenan a la hora de la siesta. Puedes irte lejos, pero nunca huir de ti. Miedo a presentar tu miseria ante Dios. Soberbia espiritual de no poder presentarte límpido y sin falla.

La oración es como una pared de frontón que te devuelve la pelota para que te hagas cargo de ella. Sin dilatar la devolución para no perder el punto por llegar tarde. La oración descubre nuestras goteras. ¿Qué hago? ¿Pongo un cubo o trato de arreglar el roto por donde la molesta gotera se cuela? «Es una simple gotera. No importa». Que me lo digan a mí con una que tuve en mi habitación y me impedía dormir. Este miedo se supera recordando que en el encuentro con Dios en la oración te espera quien te ama y conoce mejor que nadie. Dios sabe de ti. Todo. ¡Tranquilo! No se va asustar. Cuéntale todo, como bien dice Francisco: «Cuando recéis, no tengáis miedo de llevar a Jesús todo lo que pasa en vuestro mundo interior: los afectos, los miedos, los problemas, las expectativas, los recuerdos, las esperanzas». La oración a veces nos rompe a cachitos para juntarlos y pegarlos más fuertemente con el engrudo de Dios.

Cuatro. Falta de tiempo. Estrés. Ajetreo. Imposible llegar a todo. No tengo tiempo…, pero luego hay tiempo para ver la última serie o para estar tumbado en el sofá absortos en el móvil. La oración es la mejor terapia para destensarse. Es un café con el Amigo. Soledad compartida. Complicidad sincera. Tú. Yo. Para salir a la vorágine de la vida con el corazón luminoso. Tuvimos diecinueve años para cambiar las pesetas en euros. El último día el Banco de España se llenó de gente. En una entrevista en la calle preguntando por qué no lo había hecho antes: «Mañana lo haré. Mañana, mañana, mañana y así hasta hoy». Estar con Dios para muchos es perder el tiempo. ¿Perder el tiempo o ganarlo? Por cierto, para prisas esa velocidad vertiginosa que toman algunas personas al rezar el rosario. Ni Fernando Alonso.

Cinco. No tiene utilidad ni eficacia. Curiosamente, cada vez más se ponen en alza las experiencias de meditación, silencio, encuentros orientales, yoga... y cada vez se desprecia más la vocación contemplativa en la Iglesia. Los misioneros sí que hacen, ¿pero esas personas encerradas en un monasterio...? ¿En qué quedamos? ¿Es o no es importante? Cuando di los Ejercicios espirituales a la fraternidad de las Clarisas de Belalcázar, me esponjé tanto de su testimonio, talante, oración, alegría y profundidad, que sentí que ellas me habían estado dando a mí los Ejercicios. Cuánto aire, cuánta vida, cuántas sinfonías nacidas intramuros.

Y descuidamos la oración porque no vemos correlación entre el esfuerzo y tiempo dedicados con los frutos que produce. Hoy lo que funciona es lo que proporciona dopamina instantánea. ¿Eficacia? Todo se mide en resultados tangibles, obviando los intangibles. ¿Para qué sirve ir a contemplar un atardecer? Descubrir la gozada de dejarse inundar por la presencia de Dios. Orar es la gratuidad hecha relación. El deseo de estar juntos sin mirar el reloj, sin tarifa que pagar. Recibes el ciento por uno. Como aquella mujer metida en los cuarenta que rezó a san Antonio para encontrar marido y terminó en un convento. Y le decían que qué mejor marido que el Señor. Funciona, aunque en ocasiones el resultado varíe un poquito. ¿Verdad, sor? Si dejamos de ser hombres y mujeres de oración, dejaremos de ser verdaderamente fecundos y útiles para la sociedad.

Seis. Sequedad y cansancio. «La sequedad se hizo mi pan de cada día», pero como la viuda, aquella florecilla de Lisieux perseveró, insistió, luchó con Dios como Jacob.

Tienes la impresión de parecer un mueble más en la capilla. Un secarral. Es como intentar encender una cerilla mojada. Empero no sientas nada, Dios sigue actuando en tu aridez. Él hace crecer sus plantas más hermosas en medio de los desiertos más agrestes. Traigo la experiencia de la otra Teresa, la de Ávila, narrada en el *Libro de la Vida*:

«Llamo agua aquí la ternura y sentimiento interior de devoción, que el Señor me dé gusto de sí. Este obrar con el entendimiento, ha de entenderse que es el sacar agua del pozo. Pues ¿qué hará aquí el que ve que en muchos días no hay sino sequedad y disgusto y desabor, y tan mala gana para venir a sacar el agua, que, si no se acordase de que hace placer y servicio al Señor de la huerta, y que se expone a perder todo lo servido y no ganar nada del gran trabajo que le ha supuesto echar muchas veces el caldero en el pozo y sacarle sin agua, lo dejaría todo?».

Impresionante. Ir con el cubo todos los días sin dejarnos abatir por la falta de agua. Ahondar en el propio pozo. Lanzar el cubo sin desaliento. O el caldero. Hasta rebosar de agua viva y convertirse en vergel. Y como se preguntaba Tom Hanks en el filme *Náufrago* en aquella isla perdida: «¿Quién sabe lo que puede traer la marea? Tengo que seguir respirando». ¿Quién sabe lo que puede traer a la orilla la marea de Dios a este náufrago en este islote en el que me encuentro?

Siete. Distracciones y ruidos. Ideas que vagan a sus anchas. Dificultad para encontrar el foco. El uso del móvil ha mermado nuestra atención. No estamos presentes. Despistados y dispersos. Por la mente desfilando multitud de pensamientos no invitados. *Relax and keep calm.* Aunque parezca lo contrario, el baile de derviches tiene como objetivo llegar al éxtasis y contacto con la divinidad. Nuestro baile se queda con frecuencia en el mero hecho de una cabeza que no para de dar vueltas. Es hora de silenciar los ruidos sobre todo internos y también el celular. En una boda invité a silenciar los móviles al comienzo de la celebración. Durante el consentimiento sonó un móvil. Luego me enteré que era el de una hermana mía. Hay momentos en que el *enemigo* está en casa.

Ocho. Divorcio entre oración y vida. La vida, por un lado; la oración, por otro. Existencias paralelas. Como el que va a misa y con unas palmaditas se dice «hasta el domingo que viene». La verdadera oración unifica internamente la vida y se traduce en las decisiones diarias. Se va convirtiendo en el hilo musical de fondo que recorre todas las circunstancias que vives. Y así, la vida entra a ser materia ineludible de tu oración. La vida se transforma en oración y la oración se hace modo de vida. Cuando se debilita la oración, se debilita la vida. Cuando flaquea la vida, flaquea la oración. La oración va fraguando la vida y en la vida se transpira cómo se ora. La oración se verifica en la relación con los demás. Si levantamos las manos y alzamos los brazos a Dios en alabanza, pero, a continuación, las bajamos y no las tendemos al hermano, falsa alabanza hacemos. Señor, enséñanos a vivir lo que oramos.

Nueve. Otros peligros y trampas que solo apunto. La utilización de la oración –sobre todo, la comunitaria– para decirle al otro en modo orante lo que no soy capaz de decirle directamente a la cara. Intervenciones larguísimas que parecen homilías. Confusión entre reflexión (hablar sobre Dios) con oración (hablar con Dios). La rutina negativa: realizar externamente todos nuestros rezos y plegarias cotidianas como obligación que cumplir, no que disfrutar. Y el colmo, que presencié en una tienda de artículos religiosos: una señora que compraba dos velas negras para hacer una oración contra la vecina. O aquel soldado rezando en el avión antes de bombardear la ciudad.

Llegados a este punto, estaría bien preguntarse cuál de estos peligros está afectándome más. Sin engañarse ni paños calientes. Con honestidad. Para encontrar soluciones. Para dejar de vivir de las rentas. Una pregunta doble para salir del posible engaño: ¿cuánto tiempo dedico a la oración personal cada jornada? ¿Ocupa un lugar marginal o principal en la lista de mis tareas diarias?

El fin de la oración no es convencer a Dios de nada, sino ir percibiendo poco a poco qué te está sugiriendo que vivas y recibir la fuerza para llevarlo a cabo. Llegar a decir: quiero lo que tú quieras para mí, Señor.

Un periodista preguntó al jesuita Pedro Arrupe cómo hacía para encontrar tiempo para orar en medio de tantos quehaceres y afanes. Su respuesta fue: «Cuestión de prioridades». Lo mejor es que con Jesús no hay lista de espera. No da largas. Él siempre tiene la puerta abierta. Y no lo dudes. Si perseveras, llegará el día en que el desierto se convierta en río caudaloso y la soledad en compañía deseada. Y que llegues a ver a Dios en todo y en todos.

Yo también quisiera verte, Señor:
En los momentos de incertidumbre y angustia.
En los momentos de desconcierto y miedo.
En los momentos de noche y tempestad.
En los momentos de luz y alegría.

Quisiera verte:
En el rostro de los que me persiguen y critican.
En el rostro de quien me mira mal y no me quiere.
En el rostro de los últimos y despojados.
En el rostro de los que comparto mi vida diariamente.

Quisiera verte:
Al servir, al amar, al perdonar, al abrazar.
Al caer, al quedarme sin fuerzas, al desesperar.

Quisiera verte
en todos los momentos,
en todos los rostros,
en todas las circunstancias.
Y poder decir: en todo amar y servir.

¡Nos rezamos!
Lc 18,1-8

8

La antigua chimenea de Pueblo

Seis días antes de la Pascua. Una cena con los amigos. El ambiente se va haciendo cada vez más asfixiante. Encontrar a alguien que te alivia es la mejor medicina. Benditos los que con su empatía, acogida incondicional y cariño nos ayudan a salir de los enredos cotidianos o, al menos, a pacificarnos un poco. Él se deja cuidar. Lo necesita. Aquellos tres hermanos eran casa y hogar, distensión, calma y descanso. Se acordaba de las sabinas, que los fuertes vientos llegan a retorcerlas, pero nunca romperlas o partirlas del todo. Arraigado al suelo de la voluntad del Padre en medio de la fuerte tormenta. Una mujer apasionada es su respiro del alma antes de la gran hora. Al ungirle recuerda la unción que agujereará al Siervo de Yahvé.

María no solo ungió los pies y los secó, sino que, en su abundancia de amor, lo hizo con un perfume valioso. Aquellos pies que habían recorrido tantas millas para anunciar la esperanza, para sanar y levantar abatidos, para alimentar y dar de beber. Aquellos pies con callos y magulladuras son ahora los pies de los más pobres: inmigrantes, prostitutas, parados, drogadictos y tantos vulnerables que viven a nuestro lado. Merecen lo mejor de nosotros en gratuidad, sin mirar el costo. Judas andaba preocupado por otras pesquisas. Acumulaba mucho ruido dentro. Difícilmente podía escuchar a Dios y a los hermanos.

Ser perfume de la bondad y misericordia de Dios en las vidas más golpeadas. Repetir el gesto de María con los desheredados de la tierra. En noviembre de 1989 las gravísimas inundaciones en Málaga dejaron a muchas familias sin nada. El Seminario fue uno de los lugares donde bastantes de ellas fueron recibidas. Varios meses conviviendo nos acercaron a su dura realidad y comprender aún más que casi siempre son los mismos los que sufren las consecuencias más nefastas de las catástrofes.

Hace unos años miraba dónde estaban hechas las prendas. China, India, Bangladesh… lugares que indican que los productos proceden de la esclavitud del comercio injusto. Y no los compraba. Hoy sigo mirando, pero menos. Si al lado de cada tienda pudiéramos contemplar las condiciones miserables de los que manufacturan los artículos, seguramente no entraríamos por el umbral de la puerta. Es más. Iríamos a la comisaría a poner una denuncia. Ojos que no ven… Normalización de la injusticia global. Cómplices sumisos nutriendo un sistema de explotación inhumana. Y con la impotencia de sentir que podemos hacer poco.

De algún modo, habrá que romper la insolidaridad de encerrarnos en nuestro egoísmo personal o familiar. No estaría mal en nuestros presupuestos anuales, mensuales o semanales incluir una partida para los que más sufren. Unos amigos que se casaron decidieron aportar cada mes a Cáritas lo equivalente a un hijo imaginario. Me tocaron unas cuantas joyas de mis padres en el reparto hereditario. Le pedí a una de mis hermanas que las cambiara por dinero. Pensaba que el total equivaldría a unos trescientos o cuatrocientos euros. Me llevé una gran sorpresa cuando el montante ascendió a tres mil. Pensé: «Si estas pocas alhajas valen tanto, ¿cuánto bien

podría hacer la propia Iglesia desprendiéndose de algunas de
sus posesiones prescindibles y compartirlas?». Y, que conste,
no hay organización humana que más esté compartiendo y
haciendo por los pobres. No obstante, hay muchas cosas in-
necesarias que estarían mejor destinadas a fines sociales.

Lo de que «a los pobres los tendréis siempre con vosotros» se ha utilizado en numerosas ocasiones como pretexto
para gastos lujosos y pomposos en ornamentos y objetos religiosos. San Juan Pablo II en la *Sollicitudo rei socialis* 31
dejó escrito: «Así, pertenece a la enseñanza y a la praxis más
antigua de la Iglesia la convicción de que ella misma, sus
ministros y cada uno de sus miembros, están llamados a aliviar la miseria de los que sufren cerca o lejos, no solo con lo
"superfluo", sino con lo "necesario". Ante los casos de necesidad, no se debe dar preferencia a los adornos superfluos
de los templos y a los objetos preciosos del culto divino; al
contrario, podría ser obligatorio enajenar estos bienes para
dar pan, bebida, vestido y casa a quien carece de ello».

La antigua chimenea de Pueblo de Dios era una de las se-
ñas de identidad de la comunidad. Sensación de hogar, familia, oración, encuentro. El fuego quemando aquellos troncos
dejaba escapar al salón bocanadas de humo que se adherían
a ti. Sabías que habías estado allí simplemente olfateando la
ropa. Conduciendo desde la estación de Cortes recogí a un
cabrero que subía a Cortes de la Frontera. Un trayecto bastante corto de unos diez minutos en coche. Estaba recién ordenado. Nos conocimos aquel día. Una breve conversación hasta
llegar al destino. No me podía imaginar que el olor egabren-
se de aquel buen pastor permanecería incrustado en mi auto
durante cinco días. Si estuviéramos tan penetrados de Jesús,
iríamos esparciendo el aroma de su Evangelio en todo lo que
nos cruzáramos. Hasta lo desagradable puede tener algún aspecto agradable, como el alpechín que me recuerda una etapa

de mi historia. Ser como ese olor que de pronto se mete por la nariz y no sabes de dónde viene, pero dices «*¡qué rico!*» y te despierta los deseos de buscarlo y probarlo. Nunca podemos llegar a saber el impacto que pueden tener nuestras pequeñas acciones y hasta dónde pueden llegar. El humo de los incendios de Canadá llegó hasta las costas malagueñas. Por cierto, me encanta el *petricor*, ese olor a lluvia, ese aroma a tierra mojada.

Te acostumbras a los olores y no los percibes. Como el que fuma en casa o quien no se ducha en una semana o el que se pone pachuli antes de ir al trabajo. Lo notan los demás. La persona se va adaptando hasta que no llega a distinguir nada. Lo llaman enmascaramiento olfatorio. En cambio, la sensibilidad del bulbo olfativo aumenta en una atmósfera libre de olores. El cura a quien sustituí en mis primeras parroquias de la serranía de Ronda era un amante de los gatos. No sé cuántos llegó a tener. Lo primero que hice fue blanquear toda la casa para despedir aquel tufo insoportable que se te metía hasta los tuétanos. Él no lo advertía. Y no es que yo sea Grenouille, el protagonista de aquella inquietante novela, *El perfume*, que nació con el sentido del olfato más desarrollado de la humanidad. Llegaba a diferenciar el olor de la más mínima cosa a distancia. Su nariz determinaba la interpretación de la realidad. Contradictoriamente, él no poseía olor propio. Extraño. El libro me aburrió; por contra, su adaptación al cine me resultó entretenida. Muchos sufren anosmia espiritual, mientras otros, en contraste, aromatizan los ambientes que visitan con el toque sutil de su vida entregada. Con gestos más que disertaciones.

La casa se llenó de aquel agradable perfume. En aquella fragancia fresca, María se estaba derramando ella misma. Ese perfume de nardo es la alegoría de su existencia puesta a los pies del Señor. Vacía su ser para llenarse del aroma que perdura y acaricia otras vidas con las esencias del Evangelio vivo. No hay tacañería en su entrega, ni cálculo alguno. Frente a la cautela y rebajas, la entrega desmesurada. Despilfarrar el amor. Ser algo más que un aceite malo o una colonia de marca blanca. Cuando ofrezco algo, me lo estoy dando a mí mismo. Cuando me lo guardo, me lo estoy sustrayendo. Enjuga los pies del Maestro con cariño, despojada de sí, dejándose cautivar.

Mientras María rociaba aquellas esencias, ella también se iba impregnando de la Esencia. Se deja capturar. Es como esos días en que no sientes nada durante la oración. Te va empapando la fragancia del Dios amor y, sin darte cuenta, la comienzas a expandir por donde pasas. Ella, testigo inesperado de una fe sencilla. Como Araceli Hidalgo que a sus noventa y seis años fue la primera vacunada del COVID. Le nació persignarse ante las cámaras. Lo que se lleva cosido dentro no tarda en aparecer al exterior. Estando en clase de teología, un seminarista llegó tarde. Cuando entró, instintivamente se arrodilló entre las prisas al ver al profesor, un cura santo, con los ojos casi vueltos, explicando Antropología Teológica en su tono habitual orante. Pensaba que estaba en la capilla. Nos echamos unas risas. Como aquella comunidad de jesuitinas encarnada entre los vecinos de la estación de Cortes, viviendo con y para el pueblo, desprendiendo el buen aroma del Evangelio de la alegría y la sencillez.

Ungidos para la misión desde el bautismo. Ese bálsamo permanece en nosotros como fuente de fortaleza y alegría en los caminos, masaje y tregua en los meses duros y aciagos trabajos. La vocación de cualquier perfume no es quedarse encerrado en un frasco, sino verterse. Todos tenemos una misión que realizar, más bien, «somos misión», como le gusta repetir a Francisco. ¿Qué querrá Dios hacer a través de mí en favor de los demás? Habrá que pedir perdón por quedarnos en excusas y bonitos discursos, por guardarnos las fragancias sin derramarlas en algunas personas y lugares concretos.

El testimonio de una vida congruente y acorde con lo que se cree, que huele y sabe a Evangelio, es el mejor argumento para despertar preguntas que hagan pensar. Ser un mensaje andante como cuando el afilador con su motillo por el pueblo, silbando el chiflo con esa musiquilla tan característica, anunciaba su paso por las calles de Fuengirola. ¿Cómo enamorar a la humanidad con este perfume tan exquisito y distinto? Una oración para tiempos en que se buscan otros perfumes y ungüentos en las perfumerías de los mercados de este mundo:

Vendrán desalientos.
Inúndanos con la fuerza de tu Espíritu.
Vendrán contratiempos.
Danos tu paciencia y resistencia para vencerlos.
Vendrán cansancios.
Tócanos y restáuranos con tu bálsamo de vida.
Vendrán desilusiones.
Siembra en nosotros tu esperanza ilimitada.
Vendrán cobardías.
Danos tu valor para combatirlas.
Vendrán decepciones.
Infúndenos tu ánimo para no rendirnos.
Transita, Señor, cada tramo de nuestro camino.
Confiamos en ti, esperamos en ti.
Haz de nosotros buen perfume de tu amor.
Seguiremos esparciendo tu fragancia y frescor
por todas las calles de la humanidad.

¡Nos rezamos!
Jn 12,1-8

9

Brian y los *dementores*

Aquella que llegó de misa a casa, puso música movidita, tomó a su marido de la mano y comenzó a bailar con él. Extrañado le pregunta: «¿Qué te pasa hoy, Mari Pili?». «¡Que el cura en la homilía nos ha animado a llevar nuestra cruz con alegría!». Otro. «¿Cuál es la fruta más graciosa?». «La *naranjajajaja*». Uno más. «Doctor, ¿usted cree que lo que tengo es muy grave?». «¿Cómo que doctor? Yo soy san Pedro». Y el último. «¿Qué hace una pareja china en un concesionario de coches?». «*Clíos*». Quería empezar estas líneas con una sonrisa. Y es que el tema de la alegría lo merece. La sonrisa es uno de los idiomas más universales. Una sonrisa, sin duda, incrementa tu precio en bolsa. No todos podemos alegrar el cotarro, contar chistes con gracia o ser la alegría de la huerta. Hay gente con carácter más seco y serio, y no pasa nada. Lo que sí está al alcance de cualquiera es una sonrisa.

Entre nosotros hay *dementores*. Te chupan toda la energía y te birlan el entusiasmo. Es complicado cuando tienes que estar con ellos por trabajo, por familia, en la comunidad. Guardianes de la prisión de Azkabán, criaturas que se alimentan de la alegría y luz ajenas. Con la negrura de un beso te dejan seco. O como aquellos especialistas en fastidiar el

momento, que se convierten en el pelo en la sopa, la chinita
en el zapato o la mosca en la tele.

Derrocar la tristeza. Se aproxima como si fuera una
prenda azul marino recién comprada que se mezcla con ropa
blanca en la lavadora. Lo acaba azulando todo. Hablan los
psicólogos de una dolencia que pasa desapercibida: la depresión sonriente. La persona sigue haciendo su rutina todos los días, poniendo lo mejor de sí, intentando sonreír, ser
agradable, cumplir..., pero internamente está poseída por
una soledad y un vacío que la van matando en agonía silenciosa. Un esplín como fondo de pantalla que acompaña.
Sensación negativa de estar malgastando y desperdiciando
la vida, y no encontrar salida. Y te atiborras de chocolate o
de otros escapes más perniciosos que consiguen empeorar
tu estado anímico ya deteriorado.

Señor, enséñame a esquivar la tristeza.
Que el dolor no me hunda en la amargura.
Que la sonrisa no huya lejos por los desencantos.
Que las decepciones no se adueñen de mi alma.
Que la desesperanza no pueda más que tú.
Que tu amor no me suelte en ninguna circunstancia.
Que tu alegría triunfe en mi corazón.
Que nadie me pueda robar la alegría que nace de ti.

Alegrías inconsistentes. Cuando busco la alegría des-
gajándola de la alegría en Dios, estoy cavando el principio
de mi propia tristeza. Nada en este mundo puede satisfacer
completamente el alma. Terminamos conformándonos con
alegrías momentáneas y pasajeras que, igual que vienen, desaparecen. Algunos la confunden por el ruido y escándalo que
provoca. Pero la alegría suele ser bastante discreta (a menos
que ganes el Mundial de fútbol, como las chicas en el esta-
dio olímpico de Sídney). Se confunde también con poseer

esto o lo otro, pero bien sabemos que cuando ya tenemos la soñada fantasía, en poco tiempo se marchita y desinfla. Una fiesta de cumpleaños de la hija de un matrimonio amigo. Casi treinta regalos. Los iba abriendo mecánicamente. Pasaba de uno a otro sin detenerse en ninguno de ellos. Decidí ofrecerle el mío en otro momento. Un detalle sencillo, nada caro, que cuando llegó el día de dárselo miraba y miraba agradecida. «Si quieres ser feliz durante un año, que te toque la lotería. Si quieres ser feliz para siempre, ama lo que haces». No está mal este consejo de M. Higgins. Aunque siempre habrá una amiga –la tengo– que opine con humor que no hay pena que no cure un par de zapatos nuevos.

Mendigos de audiencias, palmaditas en la espalda y éxitos. Número de seguidores en las redes. O número de confirmados, de niños de Primera Comunión, de obras en el templo, de asistentes a la eucaristía, a la procesión, a los grupos. Está bien dar gracias y ojalá fuéramos muchísimos, pero esta no es la causa principal de la alegría de Jesús, que quedó bastante solo en sus trances decisivos. Alegría ilusoria la basada en cifras y resultados.

Un anhelo universal. Vivir en un estado de *eutimia* permanente, de equilibrio y serenidad interna. Encontrar «la perfecta alegría» de la que hablaba el pobre de Asís. La alegría de sentirse amado y perdonado. La alegría de rumiar, saborear y agradecer cada porción de vida que se nos obsequia cada alba. La alegría de multiplicarla. La alegría de sentirse continuamente en la presencia del Señor hasta descubrirlo en cada rincón de la existencia. La alegría de elegir lo que nos devuelve a nuestro principio y fundamento. La alegría de la perla y el tesoro escondido. La alegría de ver a otros felices gracias a tu granito de arena. La alegría de hacer el bien sin mirar a quién. La alegría de la comunión con los demás. La alegría del placer de servir y el gozo de la gratuidad. La alegría de desalojar tu corazón de toda envidia y rencor. La alegría del asombro de contemplar las pequeñas cosas con la mirada interior de los niños. La alegría que se produce de la unificación entre lo que piensas, lo que crees, lo que sientes y lo que vives. La alegría del ciento por uno, más bien, del infinito por uno. La alegría de la fiesta cuando regresas de torcidas sendas. La alegría de palpar los apapachos de Dios. La alegría de que nuestros nombres estén inscritos en el Libro de la Vida y tatuados en las palmas de sus manos. La alegría de que Dios se cuele por todas tus aguas subterráneas regando tus tierras desérticas y haciendo aparecer flores donde no esperabas nada. Y Dios entusiasmado con la esperanza de ver plasmado su sueño en cada uno de nosotros. Su suprema alegría.

Si escribieras un libro que se titulara *Las mayores alegrías de mi vida,* ¿cuáles citarías? Seguro que no aparecerían el móvil última generación, aquel coche que te ilusionaba, ese viaje que tanto esperabas…, sino rostros de personas. «La alegría no está en las cosas –afirmaba Richard Wagner– sino en nosotros». Si me preguntas cuál es mi alegría más profunda, te diría que Dios y todo lo que tiende a él. También te digo que he buscado la alegría lejos de él, encontrándome con la reiterada y consabida realidad: *todo es vanidad y vacuidad fuera de él.* Soy parte de ese pelotón que se da de bruces una y otra vez con las mismas paredes.

No llega la felicidad cuando conseguimos lo que deseamos, sino cuando disfrutamos y agradecemos lo que tenemos. Lo primero, a veces, ocurre. Lo segundo siempre lo tenemos a mano. La alegría también implica renuncias. A esos caminos recorridos antes y que sabemos por experiencia que conducen a un repetido acíbar, un sinsabor ya conocido. Por unas migajas de afecto se puede perder toda la dicha del alma. Siendo algunas renuncias costosas, su fruto suele llenar de una bienaventuranza distinta. El bebé viene tras grandes dolores. Pablo escribe a los filipenses desde la cárcel... ¿y hablarles de la alegría, no es contradictorio con su situación extrema entre cadenas? Es la alegría de quien da la vida por amor. Habría que preguntarle al corazón qué es lo que hace que se aleje y distancie con tanta frecuencia de la fuente de la alegría primera.

La alegría es expansiva. ¿Quieres ver cómo florece en ti? Aquí el consejo que deja san Pío de Pietrelcina: «Siembra la alegría en el jardín de tu hermano y la verás florecer en el tuyo». Preguntas al acabar cada jornada. ¿Para quién has sido hoy fuente de alegría? ¿Cuántas sonrisas has arrancado en los rostros que te has cruzado? ¿Cuánta paz has dejado en tus encuentros? Como la protagonista de este microcuento *Ella y su estrella*:

«Cada noche, alegre, ella salía con su estrella. Sabía que no llegaría a todos, pero era feliz pensando que su pequeña luz iluminaría algún corazón que lo necesitara».

Solo profetas contentos contagiarán la alegría del Evangelio. Una alegría que se transmite en las manos, en los ojos, en la voz, en el semblante. Que estalla y sale fuera porque ya rebosa y transita cada callejón interior. Jimena con sus cuatro añitos, al nacer Juan, no pudo resistir contárselo a su maestra y todos sus compañeros de clase, gritando: «Tengo un hermanito, tengo un hermanito». Jesús, con año y medio, se abalanzó sobre su hermano Martín, de tres, al reencontrarse tras una semana separados. Se abrazaron emotiva y profusamente, aunque a los dos minutos ya andaban peleándose. O cuando un jugador africano mete un gol y le nace de su naturaleza celebrarlo con un bailecito. O como cuando en la nave de Israel se proclama cada Pascua que ¡Cristo ha resucitado! y empiezan los cantos, los bailes, los saltos, el trenecito, la locura, los abrazos, la desbordante felicidad compartida por la resurrección.

Causa de nuestra alegría.
María, visítanos como a Isabel
con tu canto de alabanza.
Tráenos tu alegría, tus ganas de vivir,
tu capacidad de servir, tu gozo,
tu silencio, tus chorros de luz,
tu existencia convertida en *Magníficat*.
Dichosa tú que has creído.
Que tu fe y confianza atraviesen
de bienaventuranza y júbilo nuestras vidas
a veces apagadas por la tristeza y el desánimo.
Enséñanos a abandonarnos en las manos del Señor.
María, madre buena, ruega por nosotros
para que nuestra alegría llegue a ser completa.

Tomarse un poco menos en serio y ser uno con la multitud que canta «había una vez un circo que *alegraba* siempre el corazón». Ser parte de ese circo que irradie ilusión y ganas de vivir. Y aunque la alegría llegue como a cuentagotas y estemos en medio de tormentas, siempre nos quedará *La vida de Brian* y su invitación a silbar incluso desde la cruz: «*always look on the bright side of life*» (mira siempre el lado positivo y luminoso de la vida). Porque *la bida es beya*, incluso si está repleta de faltas de ortografía.

¡Nos rezamos!
Jn 16,20-24 y Flp 4,4

10

Un jilguero en el seminario

Hay evangelios que siempre que aparecen me producen como un electrochoque por más veces que los haya leído. La parábola del que tuvo una gran cosecha. Esa pregunta va directa al mentón como si se tratara de un *high kick* en un combate de la UFC. ¿Para qué estar preocupados si quizá no llegaremos a mañana, ni siquiera a esta noche? Enésima invitación a poner el corazón en lo esencial y despojarnos de la falsa confianza que se apoya en las propias fuerzas, planes y seguridades materiales.

Amamos las cosas y usamos a las personas. Todo al revés. Convertimos las cosas en nuestra aguja de marear. Jorge Luis Borges comentaba que «el amor a las cosas es triste; las cosas no saben que uno existe». Y perdemos la libertad porque son las cosas las que nos poseen atándonos a rocas engañosas y faltas de firmeza duradera. Inclinados y arrodillados adorando al dios *Mammón*. En vez de ser rico acumulando y acaparando, serlo compartiendo. En vez de ser mano cerrada y encogida, ser mano abierta y extendida. En vez de atesorar para uno mismo, el reto de hacerlo para los demás.

Consumimos más de lo que necesitamos. Su efecto, sin embargo, es una galopante desnutrición interior bastante generalizada en la sociedad. Como aquella adicta a las compras que llevaba a casa nuevas adquisiciones cada vez que salía y el marido le preguntaba: «¿Y esto? ¿Ya tenemos tres?» y ella contestaba: «Es que estaba muy bien de precio». O expresado con el humor inteligente de Groucho Marx: «Hijo mío, la felicidad está hecha de pequeñas cosas: un pequeño yate, una pequeña mansión, una pequeña fortuna...». Eso puede derrumbarse por completo tan fácilmente como un castillo de naipes, o como si pasara por encima *La gran ola de Kanagawa* para no dejar nada. O un incendio en tus graneros. Somos «vapor que aparece un instante y después desaparece», dice el apóstol Santiago. Todo el mundo tiene una estrategia hasta que le dan un golpe en la cara que le hace besar la lona. Creer que nuestro futuro está seguro descansando en nuestros cálculos, cualidades, sabiduría, bienes y experiencia, es poner la confianza en un emplazamiento equivocado. ¿Quién nos puede dar solidez en medio de unas convicciones sociales tan líquidas?

El ego conduce al aislamiento, tristeza y soledad del propio ombligo. Quizás la mayor aventura y desafío en la vida sea desprenderse de él para desplegar libres las alas. El ego nos engaña encerrándonos en nosotros; el amor, en cambio, nos abre, nos hace don sin ningún tipo de exclusión. Ni descuidarse ni *sobrecuidarse*. Hay gente que se cuida físicamente tanto que tiene abandonadas otras facetas fundamentales para una verdadera salud integral. Con frecuencia, hay quien camina encorvado de tanto contemplarse, desatendiendo todo lo demás y a todos los demás.

La codicia. Embota la mente y va colonizando el corazón. Como cuando se mete la rueda en el barro e intentas salir acelerando. Cuanto más aprietas el acelerador, más te atascas y hundes. Dos veces que recuerde me ocurrió con el 4x4 en Pueblo de Dios. Menos mal que siempre servicial estaba al quite mi amigo candonero para sacarme del pegajoso fango con el tractor. Algunos incluso dejaron de hablarse y rompieron relaciones por la avaricia de anteponer la herencia material a los lazos familiares. Prefirieron el oro a la unión. ¡Si esos padres que trabajaron para el bienestar de sus hijos, regresaran de la tumba!... Delirios de grandeza. Y los hay que casi sin un forinto en los bolsillos no pierden la capacidad de sonreír. A veces personas sin nada han dejado una herencia mucho más grande y valiosa a sus hijos y nietos que quienes tenían una fortuna en el banco. Hay gente que lo único que tiene es dinero.

En la obra taoísta *Lie Zi: Tratado de la perfecta vacuidad* se cuenta esta historia titulada *El hombre que no vio a nadie*:

«Había una vez un hombre en el reino de Qi que tenía sed de oro. Una mañana se vistió con elegancia y se fue a la plaza. Apenas llegó al puesto del comerciante en oro, se apoderó de una pieza y se escabulló. El oficial que lo aprehendió le preguntó: –¿Por qué robó el oro en presencia de tanta gente? –Cuando tomé el oro –contestó–, no vi a nadie. No vi más que el oro».

Becerros de oro que nos esclavizan. La idolatría del dinero. Engullidos por la fiebre posesiva. Las cosas terminan poseyéndonos y haciéndonos creer que no podemos vivir *sin esto y sin lo otro*. Destronamiento de Dios entronizando las treinta monedas de plata con que nos vendemos. Desplazamiento de Dios del centro de nuestros deseos. Qué complicado es guardarse de toda codicia.

Cuando cierras tus manos para que no se te escapen tus posesiones, terminas perdiendo la libertad para poder abrirlas. Ricos ante Dios. «Guardaos de toda clase de codicia». Jesús alerta sobre nuestra relación y actitud ante los bienes materiales. Podemos tener exuberancia material, pero, sin experimentar al Dios que provee, somos los más pobres de la tierra. Batería de preguntas: ¿De quién depende mi vida? ¿De verdad me fío de Dios? ¿Para qué o quién atesoro, amaso mis posesiones, aunque sean pocas? ¿Acumular, acaparar y asentar nuestra seguridad en el peculio o confiar en un Dios providente?

Aspirar a los bienes de arriba, pero con los pies bien anclados en la tierra. Como las jirafas. Hubo una época en que cuando me preguntaban con qué animales me identificaba, entre ellos incluía a las *cuellilargas*. No sé si alguna vez has visto una jirafa bebiendo agua. Retuerce sus piernas en modo contorsionista y desmañado hasta que consigue posicionarse para calmar su sed. En cambio, para alimentarse se eleva señorialmente enfocando a las alturas. Un animal regio y sublime que come de las copas más altas de los árboles donde encuentra el alimento más tierno y jugoso, parece ridículo cuando literalmente se espatarra con aparente torpedad ante el charco de agua. Imagen que vi en Zimbabue y captó mi atención. Así me veo... torpe, frágil y terrenal y, al mismo tiempo, con el corazón apuntando a lo alto.

Abandono en Dios. Él sabe bien lo que nos hace falta. Como constataba el *abba* Zósimo, «sucede muchas veces que, después de haber despreciado riquezas cuantiosas, se apegan a un pequeño alfiler». Llegar a la expropiación para dejarnos seducir y atraer completamente por Dios. Sin alfileres. Sin bujerías que distraigan. Desapego. Indiferencia ignaciana. Frente a codicia, generosidad. Menos pancismo y más abrazos. Como expreso en este microcuento:

«De tanto abrazar su propio ombligo, se olvidó del sabor de los abrazos».

Sin exigir garantías, soltando todas tus estrategias y apostando por la de Dios. Abandonar algo en sus manos quiere decir que tus manos se quedan vacías de ese algo, de esa herida, de esa situación. Manos desnudas porque todo ha pasado a las manos de Dios. Ese es el verdadero abandono y desprendimiento. Le das el poder completo de tu existencia. La paz interior sobreviene tras la vivencia del abandono. Un compañero en el seminario amaba con locura a *Sirgue*, su jilguero. Estuvo planteándose seriamente su vocación sacerdotal. Estaba en los últimos cursos. Un día liberó al pájaro de su jaula y él dejó el seminario. Ahora, felizmente casado, es una figura significativa en los centros formativos de la diócesis.

Cuando no te agarras a nada, Dios empieza a ser tu todo. Los trapecistas cuentan que el secreto cuando se lanzan hacia el compañero no es agarrarlo, sino dejarse agarrar. «Si agarras al compañero, caemos los dos. Si confías, te relajas y te dejas agarrar sin poner oposición, entonces el número termina en buen puerto». Por supuesto que hay una constante tensión entre confiarte plenamente en Dios y confiar en las propias fuerzas y certidumbres. La confianza y la fe se meriendan al miedo. Mientras trabajas por sus cosas, él trabaja por las tuyas. Con Dios nada falta. Sin él sobra todo. Mi hermana pequeña tenía una prueba complicada en el hospital. Del nerviosismo pasó a la oración. «Por lo menos, Señor, que me toque un médico amable». Estando ya dentro, escuchó que la llamaban por su nombre de un modo cariñoso. Cuando se volvió, descubrió que el médico era un viejo amigo. Compartieron residencia de estudiantes en sus tiempos de universidad. No se veían desde hace treinta años. Un Dios en bata blanca se le hizo presente.

En su discernimiento, —«¿qué haré con mis bienes?»— el personaje de la parábola no pensó que la *buena vida* que soñaba para él podía ampliarse encontrando modos para que otros gozaran de una *vida buena*. En vez de imaginar un futuro *ombliguista*, atreverse a desentonar con la mayoría consumidora-depredadora. Y ayudar a robustecer los graneros ajenos desabastecidos por la pobreza y la injusticia. La solidaridad como horizonte de discernimiento y dicha. Soñar como Dios sueña. Actuar como Dios actúa.

No sé el día ni la hora
en que me tocará partir.

Eso lo confío en tus manos, Padre.
No quiero vivir con miedo.
Mientras tanto,
deseo afrontar cada amanecer
como si fuera el último,
sacándole todo el jugo y sabor.
Mi aquí y mi ahora es:
desasirme de mezquindades y codicias,
amar sin dejarlo para mañana,
abrazar sin reservar
ninguna muestra de cariño y bondad,
desprenderme del ego narcisista,
perdonar sin dejar huellas
de rencor y resentimiento,
adentrarme con una toalla y un lebrillo
entre los pies polvorientos
y cansados de los hermanos,
contagiar tu reino de gratuidad
y encender los corazones apagados,
caminar levantando rutas de justicia,
construyendo nueva humanidad,
engarzar una fraterna familia con todos.
Todo pasa.
El cielo y la tierra,
los éxitos y los fracasos,
los desamores y las tristezas.
Lo único que queda es tu amor
y el amor que hayamos ido dejando
en nuestro paso por esta hermosa tierra.
Tú eres mi aquí y mi ahora,
y también mi futuro más feliz.

¡Nos rezamos!
Lc 12,16-21, Sant 4,13-15 y Mt 24,35

11

Dios por Dios

«¿Y quién es mi prójimo?», preguntó aquel maestro de la ley a un Jesús que acababa de decirle que poner el amor en el centro es cumplir la ley entera. Haz un breve alto en la lectura de este capítulo que acabas de comenzar y piensa quién crees que es tu prójimo. ¿Ya? Luego volveremos sobre la pregunta porque la respuesta puede sorprenderte.

Un levita y un sacerdote. Dos personajes religiosos. Hoy, dos de parroquia, movimiento, congregación. Dan un rodeo. Por si acaso, no mancharse. Vaya que estuviera muerto. Quien tocaba un cadáver quedaba siete días impuro. No podré atender al culto si me mancho de sangre y peco de impureza. Pasar de largo del templo humano para no tener problemas en el templo de mármol. Caracoleando para evitar compromiso. Escaquearse de mitigar el sufrimiento que aparece sin avisar. Arrodillarnos en el templo de piedra sin arrodillarnos en el templo de carne. Francisco recuerda que «el verdadero culto a Dios pasa a través del amor al prójimo» y san Manuel González, adorador eucarístico por excelencia, remarca que «entramos en el templo para adorar y salimos del templo para servir». Cristianos que como si se tratara de Harry Potter se cubren con su capa de la invisibilidad para no ser notados donde se fragua la justicia y se les necesita.

Culto vacío es levantar las manos a Dios,
pero apartarlas de quien sufre a tu lado.
Culto vacío es fijarte solo en lo externo
manteniendo cerrado tu corazón al Amor.
Culto vacío es celebrar el sacramento en el templo
olvidando el sacramento del hermano en la calle.
Culto vacío es pedir perdón a Dios
y negarte luego a perdonar a quien te ofendió.
Si ofrezco mi vida a tu servicio
y me hago prójimo de mis hermanos,
mi existencia, Señor, será
un culto agradable a tus ojos.

Qué bueno sería repetir y grabar en nuestra alma este extracto de la Plegaria Eucarística VI b para no caer en un culto vacío: «Danos entrañas de misericordia frente a toda miseria humana. Inspíranos el gesto y la palabra oportuna frente al hermano solo y desamparado. Ayúdanos a mostrarnos disponibles ante quien se siente explotado y deprimido». Amén.

Uno de los santos que más ha influido en mí –y lo sigue haciendo– es san Vicente de Paúl. De hecho, fue mi primera intentona vocacional, pero Dios parece que me quería de *cura raso*. Este párrafo es una joya: «Hay algunas ocasiones en las que no es posible guardar el orden de la distribución del día; por ejemplo, llamarán a la puerta mientras hacéis oración, para que una hermana vaya a ver a un pobre enfermo que la necesita con urgencia. ¿Qué hay que hacer? Será conveniente que vaya cuanto antes y que deje la oración o, mejor dicho, que la continúe, ya que es Dios el que se lo manda. Porque, mirad, la caridad está por encima de todas las reglas y es preciso que todas lo tengáis en cuenta. La caridad es una gran dama; hay que hacer todo lo que ordena. Por tanto, en ese caso, dejar a Dios por Dios. Dios os llama a hacer oración y al mismo tiempo os llama a atender a aquel pobre enfermo. Eso se llama dejar a Dios por Dios».

Y Jesús, al modificar la pregunta, lo cambia todo. «¿Cuál de estos tres te parece que ha sido prójimo del que cayó en manos de los bandidos?... "El que practicó la misericordia con él". Jesús le dijo: "Anda y haz tú lo mismo"». Jesús ha cambiado la pregunta inicial de quién es tu prójimo por la de quién ha sido capaz de hacerse prójimo del malparado caminante. El matiz es importantísimo. Ya no valen los prójimos a la carta. El prójimo no es el hombre herido. Uno se convierte en prójimo de todos. Descender como el Hijo que se hizo prójimo de toda la humanidad. Ya no puedo elegir *este sí, este no* es mi prójimo. El prójimo eres tú. *Aprojimarse.* Vivir desde la *projimidad* a todos, especialmente a los más vulnerables y golpeados. Ya no hay restricciones ni límites para el amor. Solo los que tú dibujes.

Hiere al levita que sea un samaritano, alguien separado, no perteneciente a la comunidad judía, el modelo referencial que presenta Jesús. El amor hecho compasión no tiene fronteras. No es una palabra mágica ni volátil. Se construye con tus manos, con tu corazón, con tu agacharte, con tu compartir los bienes y tu cabalgadura, cuidando al desconocido hasta dejarlo seguro en una posada. Al final de la parábola, curiosamente, los que aparentemente están cerca de Dios porque cumplen los preceptos resulta que están lejos porque están muy lejos del pobre abatido. Creen ver a Dios, pero solo se ven a sí mismos.

Decía un damnificado por un accidente de tráfico: «Ven antes la silla de ruedas que a mí». Cuando alguien viene a nosotros, a Cáritas o a la comunidad, tener la capacidad y la empatía para mirar más allá de la apariencia. Una cosa es la persona y otra bien distinta, el problema que trae consigo. No identificarlos. Es fácil, si pensamos cuando hemos tenido que ir a alguna ventanilla y nos han tratado con desprecio, como un número. Hay personas que parecen ventanillas. *Pase usted. ¡El siguiente! No, aquí no podemos atenderle; es en aquella otra ventanilla.* Evitar caer en lo mismo con la gente que viene a nosotros. Quién sabe si esa conversación puede salvarle la vida.

Rosa Parks volvía de su trabajo en el autobús. Era costurera en unos grandes almacenes. Se sentó en la zona permitida para los de su raza. Algunos blancos quedaron sin asiento en pleno trayecto. El conductor detuvo el bus y exigió a tres mujeres negras que dejaran sus sitios. Rosa Parks se negó a hacerlo, a pesar de ser amenazada con ser denunciada. La arrestaron y condenaron por transgredir la ley. Más adelante, declaró que no cedió el asiento *porque estaba cansada*, cansada de ser maltratada como una ciudadana de quinta categoría. Y con un gesto de una sola mujer comenzó una revolución en los Estados Unidos. Empezó a frenar la desigualdad. Como invitaba Manos Unidas en una de sus campañas. Y así lo quise expresar:

Frenar la desigualdad está en tus manos,
si las tiendes a quien siempre está abajo.
Frenar la desigualdad está en tus pies,
si caminas hacia el que tiene hambre y sed.
Frenar la desigualdad está en tu mente,
si en tus planes entra servir a los pobres.
Frenar la desigualdad está en tu corazón,
si recibes a quien sufre como hermano y don.
Frenar la desigualdad está en tu vida,
si luchas, cantas y te mueves por la justicia.

Una asignatura pendiente. *Projimología.* Educar en la contemplación del otro. Cuando era joven y estaba en Juventudes Marianas Vicencianas –el corrector automático me insiste con *Valencianas* en lugar de *Vicencianas*– nos animaban a vivir experiencias de servicio y acercamiento concreto a los más desfavorecidos. Mi primer envío fue dar clases de recuperación a chicas con pocos ingresos y que no podían pagar. Estaba estudiando Magisterio. El verano siguiente, en una residencia de ancianos que llevaban las Hijas de la Caridad en Priego de Córdoba durante quince días. Toda una escuela. Compartí experiencia con un buen amigo (paúl en la actualidad). Y el siguiente fue un salto grande. Dos meses misioneros en Honduras con un grupo de jóvenes de toda España. Cada vez te llenaba más servir a los pobres. Muy buena pedagogía práctica. Los pobres dejan de ser pobres para ser personas cuando conocemos y decimos sus nombres. El sacramento del prójimo.

No olvides el prójimo que tienes más cerca. Tú mismo. Ámate. A veces somos implacables con nosotros y nos tratamos con una dureza que no nos merecemos. Es clave mirarnos con terneza, cuidar las palabras que nos dirigimos internamente, acogernos con cariño y paciencia. Aprender a amarnos como amamos al otro. Todos andamos fracturados por alguna parte. Amarnos en nuestra vulnerabilidad nos hace *aprojimarnos* sin prepotencia ni altivez a la vulnerabilidad ajena. La vulnerabilidad del samaritano conectó con la fragilidad de aquel hombre apaleado por los ladrones.

El buen samaritano es Jesús que se ha acercado a sanarnos. Quizás sea su mejor autorretrato. Pasar por el mundo inclinándose a cuidar y atender a los castigados por tantos infiernos humanos. Este buen samaritano sigue empeñado en dar a luz una Iglesia samaritana. Una Iglesia alocéntrica. *Alocéntrica*: dícese de la persona más preocupada y centrada en los demás que en sí misma. Lo opuesto a egocéntrica. Más locos alocéntricos, por favor. «Venid al mesón del samaritano, que es la Iglesia, reposo de viadores», invitaba san Juan de Ávila, patrono de nosotros, los curas diocesanos.

Los buenos samaritanos de todos los tiempos van dibujando sonrisas, apagando rencores, encendiendo candelas contra el frío, diseñando sueños en común, acariciando soledades, provocando ternura y pasión, rompiendo yugos injustos, desterrando las tinieblas del desánimo, caminando en el amor, levantando postraciones, limando distancias, descartando discriminaciones, superando fronteras. «Cuando somos sensibles, cuando nuestros poros no están cubiertos de implacables capas...comprendemos que es el otro el que siempre nos salva. Y si hemos llegado a la edad que tenemos es porque otros nos han ido salvando la vida, incesantemente». Toda la razón a Ernesto Sábato. Salgamos a coser heridas sin olvidar que las nuestras se irán cerrando al coser las de los hermanos. Se necesitan muchos cosedores de corazones para tantas heridas abiertas en los caminos.

¡Nos rezamos!
Lc 10,25-37

12
Esponjas y *dorayakis*

Betania —actualmente la localidad árabe de al-Azariya— era un suburbio en la periferia de Jerusalén, pegada al desierto de Judea. Hoy se levanta un muro que impide llegar directamente. Hay que dar un rodeo de muchos más kilómetros. Muros que ensanchan las distancias y los pueblos. Humanidad separada, dividida y rota en nombre de Dios.

Debo reconocer que cuando oigo Betania no me viene a la mente la que está en Tierra Santa, sino la de Pueblo de Dios. Quienes han pasado por la comunidad del *Todos juntos* saben a qué me refiero. Para mí Betania está allí... en aquella casa que sufrió un incendio, levantada con la fantasía y pasión de tantos. Y en aquella plaza que, piedra a piedra, con mi *hermano mayor* reconstruimos con ilusión y esfuerzo. Betania sabe a descanso del alma, encuentro en lo profundo, amistad sin intereses, vuelta a la simplicidad, consciencia de Presencia.

Betania, que significa *casa del pobre*, es lugar importante en la intrahistoria de Jesús. No sabemos bien cómo llegaron a conocerse. Sabemos que sentía que aquellos tres hermanos eran de esa otra familia que va más allá de la sangre. ¡Benditos hermanos que se han colado como regalo de Dios en nuestro corazón desde que comenzamos a caminar en la fe! Haz un alto en esta lectura y da gracias por ellos.

Con frecuencia se han contrapuesto –y no en pocas homilías– a Marta y María. Una sería la vida activa; la otra, la contemplativa. Una, la inmersión en el compromiso y ruido; la otra, en la oración y el silencio. Craso error. Para empezar, Lucas ha colocado la parábola del buen samaritano justo delante de esta perícopa. La solidaridad, el servicio, la atención a los pobres, son contenido inexcusable del Evangelio. Por otro lado, el ministerio de Jesús fue tan activo que las multitudes no le dejaban ni siquiera descansar. Parece que por las noches y de madrugada era cuando encontraba esos espacios más íntimos y personales. Dormiría poco. Y, por último, siendo prácticos, si Marta hubiera hecho igual que María, ese día habrían tenido que ayunar, a menos que Lázaro –que no aparece en escena– hubiera ido a encargar algo en alguna franquicia de comida rápida abierta para los cientos de peregrinos que pasaban cada año por la zona de camino a Jerusalén para alguna de sus fiestas.

¿Cuántas veces preocupados con la visita se nos olvida la visita? Jesús ha ido a estar con ellas, a pasar un tiempo de calidad, a descansar, a descargar emociones y prisas. Y Marta que lo había acogido en casa, está más ocupada en las tareas que hay que hacer que en el huésped que ha llegado. Decía B. Franklin que «los invitados, como el pescado, empiezan a oler después de tres días». «¿Quién fuera visita para poder irse?», solía exclamar simpáticamente *el Tapi* cuando algún visitante se entretenía más de la cuenta hasta altas horas de la noche en la sala de la comunidad.

En cada uno de nosotros conviven una *Marta* y una *María*. La que se bebe el vino sin degustarlo y la que lo va saboreando a pequeños sorbos. La que sucumbe al ritmo vertiginoso en una continua deambulación y desasosiego y la que vive cada acontecimiento al ritmo acompasado del Espíritu. La que vive de distracción en distracción perdiéndose los presentes que ofrece cada jornada y la que abre su corazón a cada nuevo amanecer. Marta y María cohabitan en nosotros.

Jesús no critica la actividad, sino el enloquecido activismo. Marta anda perdida. Tiene miles de cosas que hacer. Sonsonete que la acompaña. Estrés compulsivo. Habrá que ir desatando nudos porque así no se puede seguir. Exiliados de nosotros mismos y vertidos hacia fuera. No basta esperar ansiosamente las vacaciones. Estas vuelan misteriosamente. Habrá que cambiar de estilo de vida. Menos es más. Decrecer para crecer.

Escuchar más. «Creo que todo en este mundo tiene algo que contar, hasta el sol y el viento. Creo que se pueden escuchar sus historias y aprender de ellas», la anciana Tokue contaba bellamente a su jefe en el filme *Una pastelería en Tokio* (especializada en *dorayakis*). En Dinamarca hay bibliotecas donde puedes *alquilar* una persona en lugar de un libro. Las llaman «biblioteca humana». Durante media hora te abre el *libro* de su vida. Son personas excluidas, con problemas de salud mental y variadas discapacidades, marginadas, sin hogar, abusadas. Escoges un libro –una persona–, escuchas su relato y, con respeto, inicias un diálogo. El resultado más común es que acabas sin juzgar el libro por la portada –la apariencia–, acercándote a quien de otro modo nunca hubieras hecho. Quien necesita ser escuchado, allí se presenta y expone su semblanza ante unos oídos ávidos de encuentro. Solo espero que no llegue el día en que la Inteligencia Artificial sustituya al calor y contacto humano.

María prefiere ponerse a los pies del Maestro. Discípula en expedición hacia sus campiñas interiores, en conquista de nuevos paisajes donde todavía no se ha adentrado. Con mirada arrobada. Como si no hubiera un mañana. Como cera que se derrite ante el fuego. Como áncora que se agarra firmemente al fondo del mar. Pegando los fragmentos de su ser tras los golpes recibidos. Hay momentos que te alimentan para toda la eternidad.

Persona esponja. Como aquella abuela tan entrañable que me decía que le llegaban las homilías al corazón, pero que no le preguntara de qué había hablado. «Están dentro de mí y cuando me apretujan como a una esponja, sale el agua que corre por dentro». Estrujada como buen zumo de Dios. Cuenco donde va cayendo cada palabra nacida de labios de aquel rabino singular. Dejándose empapar poco a poco de la llovizna suave. Esponjada de Dios. El cisterciense Thomas Merton tenía claro por dónde comienza la paz universal: «Si tú mismo estás en paz, entonces hay al menos algo de paz en el mundo».

La comida es lo de menos. Mi verdadera comida es este encuentro que tengo aquí y ahora. Es el acmé en medio de tantos encuentros insulsos. Los estómagos se llenarán con lo que haya en cualquier estante de la alacena. María tiene clara sus prioridades. Nosotros no tanto. Y, aunque trastornados y faltos de una mínima serenidad, nos autoconvencemos de que lo estamos haciendo bien. Pero ¿y si cumplimos esa agenda sin alma, sin profundidad, sin gustar internamente? ¿Y si solo contagiamos agobio, cansancio y desazón? Como afirmaba Steve Jobs: «Cuando alguien ama lo que hace, se nota. Cuando no amas lo que haces, se nota aún más».

Digresión. En casa, de pequeños, con mi madre jugábamos al *burro*. Embebidos entre cartas. Grandes reflejos y agilidad. No te podías despistar ni un segundo. Tu mano, si no, se posaba la última sobre la montaña de manos familiares. Alguna manilla que, siendo la más rezagada, trataba de hacer trampas colando algún dedo entre las ya puestas. Hoy se juega poco con los críos. ¡Qué poco se necesita para disfrutar! Momentos gratuitos que construían familia.

Cultivar tiempos de conexión diarios para fortalecer nuestra unificación. Contacto permanente con la fuente del Ser donde nacen la bondad, la belleza y la verdad. Volver a poner las raíces de nuestras acciones en la relación con el Amigo. Evitar de ese modo que languidezca nuestra fe. Contemplativos que actúan. Actores que contemplan. Moderna unión hipostática necesaria. Casi en definición dogmática para la praxis moderna: «dos naturalezas, sin confusión, sin cambio, sin división, sin separación». Una oración que es vida y una vida que es oración. Una oración que se transforma en hacer humano. Un obrar que se transfigura al ponerse a los pies del Señor.

Muchas cosas son importantes, pero solo una es importante. Escuchar cómo mana cantarina y corre con sigilo el agua de la fuente. Que no se nos escape el sonido sutil de fondo, que no se nos distraigan los días. Saber estar a su lado con los ojos abiertos y el corazón sediento. Él vive en la *Betania* que ha encontrado en nuestro interior. No está de visita. Se ha quedado para siempre. Nos ha puesto a cada uno el máximo número de estrellas en el Tripadvisor. En la villa onubense de Candón hay una Betania muy especial. Dos hermanos que son casa abierta y hogar para mí, para tantos. Y tú… ¿quieres ser Betania?

Betania,
lumbre para quien sufre
soledad en el alma;
nido para quien vuela
con alas, pero sin casa.

Betania,
hogar para quien anhela
compañía y una manta;
fogón para quien añora
comida cálida y cercana.

Betania,
refugio para quien se siente

perdido en la noche;
hombro para quien llora
su mal de amores.

Betania,
banquete para quien está falto
de risas y abrazos;
y perfume para quien deambula
con pies fatigados.

Quiero ser Betania,
casa abierta,
para todos y sin puertas,
sin preguntar
por identidades y procedencias.

Quiero ser Betania
y así acunar
soledades y tristezas.

¡Nos rezamos!
Lc 10, 38-42

13
A la misma hora

Todos hemos sido testigos en alguna ocasión de nuevos textos proclamados en la liturgia no aprobados por la santa Iglesia católica. Verbigracia. Lectura de la carta del apóstol san Pablo a los *filipinos* (filipenses), a los *rumanos* (romanos). Verídico. Una vez una lectora: «Lectura del apóstol san Pablo a los *tesanoli... tesinole... tesalini...* y rompió diciendo... *¡a los corintios!*». Y luego están los *ímpios* de los salmos en vez de impíos. O aquel lector que pronunció *Sostenes* en lugar de Sóstenes. Nota: la importancia de la tilde y de releer y meditar las lecturas antes. Y otro clásico es *a los adefesios.*

Pablo escribe a los efesios un párrafo donde no hay interpretaciones posibles. Transparente como el cristal. «Desterrad de vosotros la amargura, la ira, los enfados e insultos y toda maldad. Sed buenos, comprensivos, perdonándoos unos a otros como Dios os perdonó en Cristo». Cuando el río suena es que el agua de aquella comunidad debía llevar algunas corrientes turbias. En Éfeso gastó casi tres años de su ministerio.

Cuando nos hacen algún mal, la cabeza empieza a cavilar las más diversas formas de venganza. Hay algunas realmente ingeniosas. El dramaturgo George B. Shaw envió una invitación a Winston Churchill a la *première* de una de sus obras: «Le he reservado dos entradas para el estreno. Venga con un amigo… si es que tiene alguno». Churchill respondió: «Me resulta imposible acudir a la primera función. Iré a la segunda… si la hay». O como leí en un meme: «Dios te guarde y ojalá se le olvide dónde».

Lo primero que surge es la venganza. El instinto básico. Lo más primario. Piensa cuando alguien te hace algo. La imaginación se te llena de distintas maneras de resolver la ofensa e incluso llegas a visualizarlas. «Esto sí; no, mejor esto otro; cuando lo vea, voy a…», y se te cambia hasta el rostro con rasgos malévolos. Y ahí empieza un camino sin retorno.

Hay relaciones que se basan en echarse en cara los trapos sucios. Se parecen más a un campo de minas. Con más peligro que encontrarse cara a cara con un *caminante blanco*. Hay momentos en que con alguna persona me digo: «Ya está, ya no más. No estoy para tantas chispas y cortocircuitos. Mejor tú por tu lado y yo por el mío. Sin hacernos daño y sin rencor». Y como la aprecias, te dices: «Venga. Una vez más». A veces, funciona; otras, no. Quizás podría ayudar un espray como el que utilizan los árbitros para mantener a raya a los jugadores en la barrera antes de lanzar las faltas.

En caliente todos decimos y hacemos muchas tonterías. Hacer caso a la voz de tu orgullo es muy peligroso. Te incita a buscar cómo hacer mal y tomar represalias por lo que pasó. Es su engaño preferido con el que terminará perjudicándote y dañándote. Hay motivos casi diarios para encolerizarse, pero cuando te enfadas, acabas preguntándote para qué me he enojado. Y te sientes peor. Que no pueda la rabia. Que el orgullo herido no lleve a la confusión y al odio. Dios es Amor y Perdón. Este sí es el Faro que ilumina cada circunstancia. Aprendizaje necesario es discernir qué es mejor pasar por alto, qué historias merecen la pena y cuáles no. Y saber que el que calla no siempre otorga, como Jesús ante Pilato. Por otra parte, acumular enfados que se enquistan con silencios continuos tampoco es buen remedio.

Hay personas que parecen estar jugando contigo una partida de ajedrez. Te van colocando sus peones para después atacar con el caballo, alfil y la reina hasta darte el jaque mate. Juego amenazante que recuerda aquella partida angustiosa entre el caballero cruzado Antonius Block y la Muerte en la inquietante y tenebrosa obra maestra *El séptimo sello*. Existen partidas que matan y entierran definitivamente una amistad.

El odio no son las gafas más aconsejables para ver la realidad. Cuando te focalizas en la venganza, toda tu existencia gira en torno a un pasado que reaviva el dolor sufrido y lo enciende aún más. Se desvanece la posibilidad de un futuro distinto. Tu presente es vivir en el pasado. Y, al final, te dejas envolver en la telaraña de quien te ofendió y no puedes escapar.

La venganza te da una satisfacción momentánea, pero efímera y pasajera. Pedalear a su rebufo es autodestructivo. Solo el perdón te hace recuperar la paz interior que perdura en el tiempo. La venganza y el rencor son dos cárceles que únicamente te dejan en libertad cuando cruzas sus barrotes. Hay partes de nosotros que necesitan ser sanadas y abrazadas. Por salud mental y espiritual es más rentable escoger la liberación que trae el perdón. Nadie dijo que fuera fácil. Tremendo el testimonio de Nelson Mandela después de veintisiete años encarcelado: «Al salir por la puerta hacia mi libertad supe que, si no dejaba atrás toda la ira, el odio y el resentimiento, seguiría siendo prisionero». Sería como refrescar continuamente todo lo padecido. Atarse a un pasado sin futuro ni esperanza. Escoge enarbolar la bandera de la indulgencia y pasar página desde el amor. Liberarse de los grilletes invisibles del rencor para no ser preso de la amargura los días y noches que quedan por vivir.

Uno no perdona inmediatamente. Hay un proceso. En unos casos, más largo, y en otros, menos. No suele ser un acto instantáneo. No basta solo la voluntad. ¿Cuántas veces hemos querido perdonar y no nos sale de dentro? Lo intentamos, pero internamente sentimos que todavía no hemos perdonado. Para perdonar y perdonarse es necesario imaginar nuevos escenarios. Tener metas en este campo, aunque sean pequeñas, es la mayor motivación para continuar andando. E insistir con auténtico denuedo como relato en este microcuento, *Sin rendición*:

«La noche le susurraba al oído: No importa si hoy no pudo ser. Sigue creyendo. No te rindas. Yo estaré contigo hasta tu último intento».

Cenando con una familia de una de las parroquias. Mucho cariño. Hogar y confianza. Familia que llega a ser tu familia. Me piden que meta un par de latas en un armario pequeño suspendido en la pared de la cocina. Lo abro. Lleno no, lo siguiente. Intento, pero ni modo. No caben dentro, pues encima. Se lo comento. Ellos: «Lo vamos dejando y dejando... A ver cuándo nos decidimos a darle un buen limpiado porque hay cosas caducadas, botes vacíos, junto a lo que está en buen estado». Parábola perfecta. Nuestros corazones son como ese armarito. Lo vamos dejando y dejando. Y necesita un buen vaciado de historias caducadas que ocupan mucho sitio y ahogan el espacio impidiendo la entrada de otras que son indispensables, y que se quedan fuera porque no hay zona libre. Entre el ajuar más inservible y nocivo se encuentra la venganza. Misión inaplazable: airear el armario interior. Despojarlo de lo caduco y vacío. Para construir un edificio se comienza con una primera piedra; luego vienen las siguientes. El primer paso es tomar la decisión de abrir el armario... y a ver qué me encuentro.

Nada hay más revolucionario, transformador y antisistema que orar por los que te persiguen y amar al enemigo. ¿Por qué no en vez de juzgar y señalar al hermano cambiamos de táctica y oramos por él e intentamos ser amables? En lugar de hundir más a quien ya ha caído, ¿por qué no ayudarlo a levantarse? Dios no solo llora la muerte de Abel. El escándalo es que protege en su destierro a Caín con una marca para que quien se encontrase con él no lo matara ni le hiciera daño. ¿Cómo rezar el padrenuestro con odio y enemigos en el corazón? Pocos se salvan de esto. Perdonar a quien trastabilla y se pega un trompicón. También nuestros pies pueden tropezar y, de hecho, tropiezan y se tambalean. Escogí *A la misma hora* como título de este cuento:

«Dos amigos se habían peleado. Prometieron en el fragor de la pugna no hablarse nunca más. Se fueron a sus respectivas casas. Se pusieron a parir en sus mentes. Después del calentón, ambos por separado: "... pero, ¿qué he hecho?". Uno de ellos se dirigió a la casa del otro para pedirle perdón. Tras tocar insistentemente en la puerta, nadie abrió. Dejó un papel escrito: "Lo siento tanto. He venido a pedirte perdón. No podía dormir". Se marchó de vuelta a su hogar. Al entrar, se extrañó al ver un folio bajo el umbral de la puerta: "Siento mucho lo ocurrido. Perdóname. Aunque no me abras, quería decírtelo cuanto antes. Son las once de la noche". La misma hora a la que había ido a la casa de su amigo».

El dramaturgo madrileño Jacinto Benavente decía: «A perdonar solo se aprende en la vida cuando a nuestra vez hemos necesitado que nos perdonen mucho». Somos aficionados a dar veredictos de culpabilidad y tener la última palabra. ¿Por qué no utilizamos esas piedras que nos lanzamos para cimentar un puente empedrado o dejar una notita debajo del umbral de alguna puerta? Dicen que la llamada flor de la paciencia abre cada siete años sus pétalos durante solo siete días y, luego, los vuelve a cerrar. Deberían darla gratis a cada ciudadano del mundo para recordarnos la paciencia que nos debemos mutuamente. ¿Quién no necesita una flor de la paciencia con esta o aquella persona... o un jardín entero rebosante de sus brotes?

No es locura la esperanza de que la sociedad vuelva a su esencia de fraternidad. Hoy parece que es mejor ser realista y unirse al *todo va mal*. Es muy fácil dejarse llevar por dinámicas de desesperanza. Más necesario que nunca ser cantos de esperanza en una humanidad partida por tantas divisiones y conflictos. Que no muera la esperanza. La esperanza de estar todos juntos algún día alrededor de una misma mesa. La esperanza de reconstruir los puentes rotos que nos unían. La esperanza de reconciliación con quien ahora, mientras lees esto, se te ha colado en el pensamiento.

Sin fe
no hay luz interior
que guíe nuestros pies.

Sin esperanza
se desvanecen los motivos
para seguir luchando.

Sin amor
la vida se vacía
y carece de sentido.

Por eso, Señor,
que no me falte la fe,
no pierda la esperanza
y no se me nuble el amor.

¡Nos rezamos!
Ef 4,31-32

14

Árboles borrosos

Flipando. Así se quedaron los discípulos cuando vieron que Jesús no pudo curarlo a la primera. «Todavía está de prácticas. A ver si a la segunda le dan el carnet». La fe es un proceso donde hay que dejarse tocar muchas veces por Jesús. Árboles borrosos que se mueven es lo que vemos en algunos ciclos de la vida; en otros, llegamos a difuminarnos en las sombras de la cerrada noche en nuestra alma.

Aquel de Betsaida en un primer momento me recuerda a Robin Williams en una de las escenas de *Desmontando a Harry*. El desafortunado actor tenía un problema de desenfoque. En cada toma de su nueva película salía como desdibujado y borroso. Pensaban que era la cámara, pero era él. El director del rodaje lo manda a casa para que descanse y recupere la nitidez de su propia imagen. Al llegar a casa, mujer e hijos lo ven turbio también. «Estás desenfocado, papá», se mofa el cruel vástago. Van al oftalmólogo. La solución: unas gafas a su mujer e hijos. Ya pueden verlo con claridad y no marearse. Si todos se ponen esas gafas nuevas, acabará el problema del paciente. Gafas para todos los enfocados para ver a quien realmente está borroso y desenfocado. Todos entrando por el aro de su distorsión. O por el nuestro. Intolerancia de tiempos modernos.

Nuestra mirada distorsiona con frecuencia la realidad. No llegamos a ver las cosas como son, sino como nos las imaginamos o como somos nosotros. Experiencia común: creemos que vemos y los demás no. La ventana por la que contemplamos el mundo puede estar un poco sucia y defectuosa. Como la distorsión ocular y mental de una pobre chica anoréxica que conocí. Estaba en los huesos, pero ella se veía, en su desenfoque, muy metida en carnes. Quería morirse. Afortunadamente, salió de aquella tortura y ahora es una mujer feliz.

Un juego nocturno de campamento que disfrutaba mogollón. Me escondía yo solo y los niños me tenían que buscar por separado. No podían ir de dos en dos. Cuando alguno encontraba la presa furtiva, se acomodaba a mi lado hasta que todos encontraran el tesoro escondido... que era yo. *¡Ejem, ejem!* El último, en su soledad y a oscuras, siempre lo pasaba un poquito mal en aquella oscuridad. A menudo las risitas de la masa escondida y apretujada delataban la madriguera.

Jugar al escondite con los problemas es contraproducente. Tarde o temprano, los problemas no afrontados te encuentran. Ponerse una venda en los ojos no los hace desaparecer. Retrasar los procesos solo trae más dolor. Tapar con tu mano la luna no quiere decir que no esté ahí luminosamente presente. Mejor mirarlos a la cara e intentar solucionarlos. Unos se resolverán con éxito; otros, no. Quizás algunos no dependan de ti. Queda aprender a convivir con ellos sin que te roben la paz.

Cegueras. Los que no ven nada porque están en su cueva y ven sombras como si vivieran en la caverna de Platón. Los que ven lo que les conviene y, si no, hacen el avestruz porque les disgusta el panorama. Los que creen que ven con la venda de la ley sin espíritu. Los que están de vuelta de todo, de utopías que se apagaron con el tiempo. Cuando no te ven, no existes. Una madre comentaba a una de sus hijas que viniera menos a visitarla y, por favor, que cuando lo hiciera, acudiera con el móvil apagado.

Me invitó a cenar. Solía poner unas sopas riquísimas. Ese día, cuando la probó, dijo «está sosa». Le extrañaba porque «le he echado bastante sal». Cuando vi el salero, me di cuenta que tenía los agujeros tapados por la humedad. Ella, ya mayor y escasa vista, no se dio cuenta. Como ese salero necesitamos una buena limpieza para que salga la sal necesaria. Desatorar la mirada. Dichosos los limpios de corazón, los que limpian los agujeros por donde contemplan a los demás, porque ellos verán a Dios. En otro lugar me ocurrió lo contrario. Un salero con los agujeros tan grandes que eché más sal de la cuenta y estropeé la comida. No obstante, como una de las cosas que más coraje me dan en este mundo es tirar comida, me la comí. Sal en su justa medida.

Ampliando miras. «Sería bueno que agrandáramos la piscina», sugirió un niño a su padre. «¡Estupendo! Esta semana lo hacemos». Y a la semana, el hijo contrariado: «Papá, la piscina sigue igual». Le ofreció una lupa: «¡Mira qué grande!». Desde el cielo las vistas son mejores. A veces miro a la gente sentado en un banco del parque o de la plaza y me pregunto por sus historias, lo que les duele, lo que guardan intramuros, lo que esperan y sueñan. Aunque hay situaciones en las que no ver bien es una ventaja y se convierte en bendición. Me libré de la mili por cegato. Siete dioptrías avalaban mi incapacidad.

Impera una nueva ceguera: la ceguera ideológica. Por un lado, se alimenta y engorda de hundir y humillar al que no piensa del mismo modo. Por el otro, ha perdido toda luz de autocrítica y es capaz de comulgar con piedras de molino. Doblegan la verdad a base de *fake news* y ataques *ad hominem*. Las consignas, eslóganes y palabras mágicas valen más y no importa que contradigan los hechos. Quien está afectado por esta ceguera está imposibilitado para darse cuenta, pero le han hecho creer que ve y que es libre. Aquí radica su éxito. Octavio Paz, premio nobel de literatura, afirmaba hace más de veinticinco años que «la ceguera biológica impide ver; la ceguera ideológica impide pensar». ¡Si viviera hoy se llevaría las manos a la cabeza!

Nuestra mirada anda atrofiada y ya nos parece normal. Se nos embota la visión y, con ella, la conciencia. La pobreza de unos a costa de otros, las muertes en el Mediterráneo, las imágenes de guerras (solo de las que importan), personajes que alientan a los jóvenes al consumo de alcohol y drogas, el insulto y la violencia, las colas del hambre, los trabajadores que cobran una miseria, la corrupción, la ruptura de las familias, la preeminencia de los animales sobre el ser humano... Rechazamos y estigmatizamos con suma facilidad, poca reflexión y nula empatía. Cuando compartimos encuentros y experiencias de vida con otras personas, cambia nuestro punto de vista. Una chica sudamericana que me comenta que tiene que hacer la calle para conseguir alimento para sus dos hijos pequeños. Un gay que se acerca y expone su sufrimiento ante el rechazo familiar y casi comete suicidio. Una mujer que viene en medio de la noche y toca al timbre de mi casa porque su marido la está maltratando. «Todo es según el *dolor* con que se mire», parafraseaba Mario Benedetti.

Tengo una amiga almeriense cuya mirada se fija en las piedras con forma acorazonada. Tiene piedras por toda la casa y fotos preciosas. Ella tiene el corazón lleno de corazón. Por eso, los ve por todas partes. A mí me pasa con los peces. En los ojos se nota cuánto amor hay dentro. En la mirada se trasluce lo que nos habita en lo hondo. He conocido y conozco gente con los ojos preciosos, nunca tan bonitos como algunas miradas que me han regalado en distintas ocasiones. Miradas de cariño, comprensión, aceptación, complicidad.

Miradas que se quedan a vivir contigo para siempre. Descubrir, despertar y empujar lo grande y bello que se vislumbra en los otros. Es muy importante verbalizar y decirle a los demás lo bueno que vemos en ellos. ¡Cuánto bien se puede hacer con una simple mirada! Santa Teresa de Lisieux tenía claro el lugar donde encontrar su felicidad: «Tu sola mirada hace mi felicidad».

El ojo humano puede distinguir hasta diez millones de colores. ¿Y el de Dios? Al mirarnos, Dios no contempla lo sucio que pueda haber en nosotros, sino que sabe que esa no es nuestra esencia, es algo del momento que quedará atrás. Él nos contempla con la belleza con la que nos creó y con la hermosura última donde se nos devolverá toda nuestra preciosidad perdida. La mugre y arrugas del alma no lo engañan. Ve la belleza de cada hijo. En su espejo nos devuelve nuestra guapeza original. Su mirada sobre nosotros va más allá de lo que podemos llegar a ver en nosotros mismos y de lo que ven los demás. Mirada perenne de amor.

Encontrar a Dios en todos es posible si nuestra mirada se deja bañar por la suya. Hay muchas formas de mirar. Jesús se encuentra con la gente mientras va de paso. En vez de dejarse arrastrar por la ansiedad y las prisas, conserva una mirada compasiva, curativa, restauradora. Debajo de algunos retratos de Modigliani y cuadros de tantos otros pintores, han encontrado otras pinturas. Capas debajo de capas. Mirada que traspasa las capas más superficiales. Dios aguijándonos para contemplar la vida con su idéntica mirada. Ojos de ternura que se cruzan provocando confianza y acogida. La compasión con la que nos mira no es como la del que nos observa con lástima y piensa «no tiene arreglo». Es la de quien despierta toda la potencialidad que hay en la fragilidad que tiene delante. Reconstructor que levanta a la persona desde las ruinas. En esas ruinas Dios ya percibe la figura del palacio que llegarás a ser.

Dejarnos iluminar. Cual polilla atraídos buscando la luz. Y como a aquel ciego sin nombre −pon el tuyo−, nos llevará de la mano y nos sacará de la aldea −distancia necesaria para ver las cosas de otra manera−. Con un poco de saliva en nuestros ojos y sus manos bendecidoras, Dios producirá en nosotros el milagro del regalo de estrenar cada mañana una mirada llena del nuevo sol.

Acércate a mis ojos
y cura todas mis cegueras
con el colirio de tu luz y amor.
A veces, me ciegan los espejismos,
los guiños constantes de este mundo.
Quisiera contemplarte en cada rostro,
en la belleza que has creado,
en cada eucaristía, en quien sufre,
en lo que me produce alegría y tristeza.
Dame tu mirada
para advertirte cerca cada día
y reconocerte a mi lado
en esos momentos de altibajos, gozos,
cansancios, luchas, encuentros.
Maestro, que pueda ver. Que pueda verte.

Y habrá que recurrir más de una vez a la fórmula del fontivereño más ilustre para recuperar la visión mística: «Si pones en él los ojos, lo hallarás en todo». Sin olvidar lo que el *poverello* de Asís aconsejaba a sus pequeñuelos: «Que no se aparte ningún hermano de ti sin que haya visto antes en tus ojos la Misericordia».

¡Nos rezamos!
Mc 8,22-26

15

Agapornis

Si *shippear*, *crush*, *stalkear*, *salseo*, son términos que no sabes explicar, significa que ya tienes una edad. El amor y las relaciones en lenguaje de la llamada Generación Z. De locos. Vamos con la lengua fuera para intentar estar un poco en la onda. Misión imposible.

Cóctel sobre el amor. Te enamoras de quien no se enamora de ti y, por mucho que hagas por conseguirlo, no puede ser. «¿Cuántos grandes amores se permiten en la vida?», alguien se preguntaba en una película. ¿Quién puede programar cuándo, cómo y dónde se va a enamorar? ¿Fue mentira o fue amor? La contradicción del amor: el amor te hace cautivo y, a la par, te libera. El amor es atadura y, a la vez, libertad. «Para mí el paraíso es donde tú estás», escuché en alguna parte. Un amigo mío suele bromear y decir que «con *Dolores* me acuesto y con *Dolores* me levanto. Y no sé cómo remediarlo porque la quiero a morir». Querer a alguien es decirle «si te mueres, que sea el treinta y uno de febrero».

En el amor es mejor invocar a *san va-lentín* que a san Valentín. El amor más vale lento, pero seguro. En China este día evitan regalarse zapatos o relojes. Supersticiones *haberlas haylas* en todas las culturas. Los zapatos, porque parece que quieres huir corriendo de tu pareja, y los relojes, porque es mal presagio de que a la relación le queda poca duración. En la tradición anglosajona la mujer que recibe un beso bajo el muérdago en Nochebuena encontrará el amor o conservará el que ya tiene. Si quienes se sitúan debajo ya son pareja, el muérdago será bendición que trae un bebé.

En la pareja si uno es siempre sombra y el otro sol, se terminan por producir nubarrones peligrosos en la relación. Cuidado cuando uno de los dos apaga y ensombrece la personalidad del otro tanto que no le deja espacio para ser él. Una pareja empieza a debilitarse cuando el *yo* pesa siempre más que el *nosotros*. El arte consiste en buscar el *nosotros* sin anular a ninguno de los dos, potenciando lo mejor de ambos. Parejas que esperan que el otro adivine lo que piensas o quieres. El equilibrio en el arte de amar. «La paradoja del amor es ser uno mismo, sin dejar de ser dos», que diría Erich Fromm.

Conozco un matrimonio que usa un reloj de arena para no estar más de ese tiempo enfadados y discutiendo. Les tengo que preguntar cómo de grande es. En lugar de estar enzarzados en palabras estériles y malos modos, se puede emplear ese tiempo en pasear o hacer otras cosas más provechosas. Y es que la vida en pareja no siempre es un paseo por bellos parterres, sino que a menudo se adentra por bosques oscuros y llenos de amenazas. El amor consiste en ir ganando batalla tras batalla, pero juntos. «Difícilmente puede existir una relación profunda, sincera y libre sin algún tipo de conflicto o discrepancia. El dolor forma parte del amor», según la joven escritora irlandesa Sally Rooney. Conocí una pareja que tenía muchas broncas simplemente porque a ella le gustaba dormir con la ventana abierta; él, nervioso, no podía dormir tranquilo. Un amigo mío: «A mí me va muy bien porque siempre hago lo que ella dice y no discutimos nunca». Y el caso es que era verdad.

En las relaciones hay que saber distinguir cuando se discute con argumentos a nivel pensamiento a cuando pasa a ser una cuestión personal que abre heridas emocionales, provocando un inicio de distanciamiento. Al amor hay que añadirle la inteligencia para gestionar las diversas desavenencias. En toda historia de amor es difícil salir indemne. Peligro de fractura y rompimiento. La sinceridad no es esparcir fuera cualquier idea que te viene a la mente, sino tener la capacidad de meditar con la cabeza fría si merece la pena decirla. Porque la verdad sin amor puede llegar a ser crueldad. Si los pensamientos se pudieran leer o fueran transparentes, no se podría convivir.

Alertas. Estar con otra persona porque no se sabe estar solo. Por necesidad. Una soledad más otra soledad no tiene por qué dar como resultado amor. Final de la oscarizada *Annie Hall*: «Recordé aquel viejo chiste, aquel del tipo que va al psiquiatra y le dice: "Doctor, mi hermano está loco. Cree que es una gallina". El doctor contesta: "¿Lo ha internado?" y el tipo le dice: "Lo haría, pero *necesito* los huevos". Pues eso, más o menos, es lo que pienso sobre las relaciones humanas, ¿saben?».

Nos gustaría ser el todo para una persona, y resulta que para el otro solo somos un momento, unos días, unos meses. Te dejan de reserva por si acaso. La actriz y modelo francesa Noémie Merlant constata que «vamos tan deprisa que se hace el amor antes de hablar con el otro». El sex(t)o sentido. Estar en el mercado, a pesar de estar con alguien. Jugar al doble juego de tener alguna hetaira escondida. *Frescales*. Diferencia entre querer pasar un rato con una persona a querer pasar toda la vida con ella. Ahí está la clave de discernimiento para el amor.

Las llamadas relaciones bumerán, esas que van y vienen, que duran años y no se acaban nunca. Querer las dos cosas a la vez: el matrimonio y una vida sin ataduras. El catedrático Enrique Rojas afirma que, debajo de la crisis matrimonial y de pareja de nuestros tiempos, hay una epidemia de inmadurez afectiva. Como a aquel que pillaron *in fraganti*: «¿Estás casado?». «Sí, un poco». Amor con frecuencia se confunde con consumir personas. Por eso, tantas decepciones. Cuando se consume una, se salta a otra. Y así, toda la vida... consumido, consumiendo y sin amor. El amor es un asunto muy diferente a lo que vende Netflix y demás cultura *woke*.

Hay encuentros inesperados que remueven sentimientos que creías resueltos (de amor, de dolor, de rechazo...). Están ahí escondidos pero vivos, como dormitando en lo profundo del disco duro del alma. Identificarlos y ser consciente ayuda a que no te quiten la paz cuando hagan aparición. Una oración curiosa de la escritora y activista uruguaya Cristina Peri Rossi: «Líbranos, Señor, de encontrarnos años después con nuestros grandes amores». Y un marido dolido por la infidelidad de su esposa manifestaba entre lágrimas: «Ojalá pudiera dejar de quererla en este mismo instante».

Una mujer se me acercó y me dijo que después de treinta y nueve años quería volver a comulgar. Se separó muy pronto. Era muy joven. A los tres años encontró su auténtico amor. Se vinieron a España desde Sudamérica. Había sido una equivocación, fruto de su inmadura precocidad. Participaba en la eucaristía cada domingo sin comulgar porque estaba divorciada. ¿Tiene lógica —me pregunto— que tras treinta y nueve años con este hombre y tres hijos educados en la fe no pueda comulgar? Es muy fácil decir que se busque la nulidad del matrimonio con alguien que está en otro país y que no ha visto en décadas. Habría que poner la persona por encima de la ley. Si decimos que la eucaristía es el centro de la vida cristiana y que sin ella no se puede vivir, ¿qué estamos haciendo con tantas personas que se han encontrado con Cristo y viven encadenadas a una burocracia que les impide acercarse a recibirla? En todas las parroquias hay personas en esta situación... y sufren mucho. Algo habrá que hacer al respecto sin menoscabo del valor e importancia del sacramento.

No siempre es posible hacer realidad este deseo que canta en voz rasgada Joaquín Sabina: «Que todas las noches sean noches de boda y todas las lunas, lunas de miel». Algunas son de hiel y se rompen definitivamente. Es posible salir de las rupturas, aunque sea en medio de espinas y dolores. Llega un momento en el que lo entiendes y sanas. No es el otro que te decepcionó; fuiste tú quien lo idealizaste de más. Y ahí, justo ahí, te permites irte en paz. Antes de la separación física, suele haber una paulatina separación emocional que se ha ido gestando. Conocí un matrimonio que estaban a punto de separarse, tenían dos hijos y pensaron que, teniendo un tercero, sería la oportunidad para arreglar su relación. Fue precisamente lo que precipitó la disolución. Sería estupendo que cuando llegara el amor verdadero, se encendiera una lucecita confirmadora o viéramos una señal entre las nubes.

Signos de que se ha caído en la monotonía: solo se comparte la tele, la cama y el frigorífico. Se descuida la comunicación por estar hiperconectados. Incluso el móvil puede ser el invitado que esté carcomiendo el trato. Ojalá que en algunas relaciones se pudiera dar al botón de reinicio. Los guionistas de las telenovelas y series son como dios. Deciden si un personaje sigue vivo o no, si alguien se enamora o le abandonan. Así no funciona la voluntad de Dios.

Un matrimonio con hijos. Llevaban casi veinte años casados. Él fue infiel y ella se enteró. Rompieron. Él vino a verme. Me contó que estaba totalmente arrepentido, que fue cosa de una noche. Había bebido y estaba fuera de sí. Y que perdía lo que más quería. Me pidió que intercediera. Allí en medio me encontraba yo. Amigo de los dos parroquianos y poniéndolo todo en manos de Dios. Ella estaba muy muy dolida del engaño. Decía que hubiera preferido que él le hubiera comentado la infidelidad a enterarse de su cornamenta –sus palabras– en la calle. Él dijo que no tuvo valor y que no quería que quebrara su amor por una noche fatídica. Sabía yo que ella todavía lo quería. Hijos y tanta vida compartida no se desvanecen en un plis plas. Llegó un momento en que él se arrodilló delante de ella y de mí pidiéndole perdón. Ella entre lágrimas decía que cómo iba a poder volver a confiar, que esa sombra quedaría ahí acechando.

Charlamos. Él se marchó y me quedé con ella. «¿Te imaginas tu vida sin él o con él? Es muy duro. Debes decidir si quieres seguir con el hombre que quieres, con este borrón en vuestra historia, o prefieres que ese borrón acabe con todo y quedarte por orgullo sin el hombre que amas. ¿Quieres pasar con él los años que te quedan o no? ¿Te ves envejeciendo con él, sola o con otra persona? Piénsalo, rézalo, medítalo. Lo que escojas, que sea lo que más paz interior te proporcione y menos tormento te cause. Dolor ya hay y habrá que ir convirtiéndolo en aprendizaje, sanación y crecimiento. No te precipites». Y ahí, más o menos, lo dejamos.

Después de un mes que él se fue a vivir a un piso de alquiler, ella lo volvió a admitir en casa. Tras quince años siguen juntos y muy enamorados. Él se dejó engañar por una noche de pasión aislada. Ella no se dejó engañar por el gran error de una debilidad absurda y repentina de su marido. Y ahora son felices. Él aprendió y ella también. Ahora se cuidan aún más y ya tienen nietos. Ella me comenta que todas sus amigas le recomendaron separarse. Prefirió ser fiel a su corazón. No se dejó embaucar por el primer impulso. *Rara avis* hoy día. Si te va mal, rompe y a otra cosa mariposa. Tan fácil cuando se trata de gente que no quieres mucho. Toda ruptura deja muertos en el camino y sombras que vuelven. La trampa es escoger la ruta fácil, antes de intentar reconducir la senda, aunque sea con punzadas que duelen. He conocido otras muchas parejas en las que lo más sano era separarse. Ambos inmaduros cuando se comprometieron.

Vi unas imágenes tremendas de parejas despidiéndose. Ellas se iban del país y ellos se quedaban a luchar en Ucrania. Cada una de las fotografías condensaba el amor en el posible último beso. Un caso de estudio es el de la ciudad de Siroki-Brijeg en Bosnia-Herzegovina. No hay ni un solo divorcio o familia rota entre sus más de veintiséis mil habitantes.

Fantaseamos con las vidas de los demás. Siempre nos parecen mejores que la nuestra. Esa pareja ¡cómo se quiere!, ese cura ¡qué entregado está!, esa maestra ¡cómo disfruta y se comunica con los niños!, esa familia ¡qué unida está! Y se nos pasa por alto que en cada pareja, cura, maestra, familia, hay muchos pormenores que desconocemos, variadas luchas y batallas abiertas, cansancios inconfesados.

Así comienza la película *La chica del tren*. Rachel —recién divorciada y alcohólica, en los treinta y hundida por su divorcio— cada mañana viaja en tren a Londres. El trayecto tiene parada obligatoria en un semáforo. Desde la ventanilla divisa una casa donde vive una pareja que se abraza y besa como si no hubiera un mañana… y esto todos los días. Cada jornada parecen recién enamorados. No puede separar los ojos de la estampa diaria. En su imaginación, un perfecto cuento de amor que quisiera ella misma estar protagonizando. Más adelante, descubrirá que esa relación no era tan perfecta. Nada más lejos de la realidad. No hago más *spoiler*. Había idealizado una entelequia. El amor verdadero es cuando te enamoras de la persona, no de la idea que hay en tu cabeza. Cuando la imagen se viene abajo, no queda nada. El príncipe azul destiñó en tu mente… o la princesa azul. Muchas decepciones no vienen del otro, sino de nuestras idealizaciones y fantasías. «Él se enamoró de sus flores y no de sus raíces, y en otoño no supo qué hacer», escribía el autor de *El Principito*.

La buena química es fundamental, aunque no es el factor decisivo para la consolidación y duración del matrimonio. Se necesita un proyecto, unos horizontes que recorrer juntos. El éxito de una pareja cristiana está en armonizar y conjugar la respuesta a dos preguntas íntimamente unidas: ¿qué quieres de mí, Señor?, y ¿qué quieres de nosotros? Una relación sana hace crecer a ambos como personas y, a la vez, potencia el proyecto común sin anularse. Una relación —y no solo de pareja— no va bien y se convierte en posesiva, cuando uno quiere monopolizar al otro en todo lo que es, todo lo que hace, todas sus relaciones, hasta acabar controlándolo y anulando. Las relaciones sanas se basan en la confianza que no asfixia. Acaparar nada ni a nadie. A veces nos relacionamos con los demás como si fuéramos la medida de lo que existe. Proyecto común entre Dios y los dos. El matrimonio no une a personas perfectas, sino a personas que quieren acompañarse, compartir la vida para hacer mejor el mundo. «Me gustaría pasar el resto de mis días con alguien que no me necesite para nada, pero que me quiera para todo». Grande Benedetti.

Cuando el corazón ama, se entrega completamente. «Mi única misión en la vida es hacerte feliz», el gran humorista malagueño-jiennense Santi Rodríguez declaró a la que iba a ser su futura esposa el día que la conoció. Una característica de cualquier enamorado es estar atento al más nimio detalle de la persona amada para hacerla más feliz. Como aquellos dos que se están enamorando y aprenden la lengua del otro en *Love actually*: «¿Aprendiste mi idioma?». «Solo por si acaso». Cuando amas, lo arriesgas todo por amor. Es un salto al vacío. Y una buena dosis de locura. «Los amores cobardes no llegan a ninguna parte», cantaba Silvio Rodríguez. Por amor hay que dejar incluso a algunas personas atrás. Para el amor no hay explicación, sino vivencia y apuesta. El amor no es ciego, sino todo lo contrario: la luz con la que ves todas las cosas con mayor luminosidad. No piensas que se va a romper. El cálculo no entra; solo la confianza.

Es difícil encontrar alguien que te ame con amor desnudo y puro. Tratamos de cubrirnos las imperfecciones y disimular aquello que no nos gusta para agradar al otro. Solo la persona que nos ama en nuestra desnudez, en la totalidad de lo que somos, con lo bello y con lo feo, es merecedora de recibir nuestro corazón. El escritor italiano Cesare Pavese señalaba que «serás amado el día en que puedas mostrar tu debilidad sin que el otro se sirva de esto para afirmar su fuerza». Y entonces se produce el milagro de contemplar de un modo perfecto a alguien imperfecto. Tal como uno también es. Imperfectamente perfecto.

Y, para los cristianos, es llegar a experimentar que su alianza es signo de un Amor infinitamente más grande. Si ese amor entre los dos es inmenso, ¿cómo no será ese amor primero donde se encuentra la fuente? Ser los dos en Dios, porque sin él no son. Hasta llegar a ser tres en uno. Hermosa *trinidad* en la Trinidad. Así el amor se convierte en el fin y el medio. Importante hacer parones para orar juntos, reflexionar, reencender el fuego, reavivar la vocación. Algún retiro, convivencia, junto a espacios diarios de comunicación mutua y escucha de la Palabra. Y esto no por obligación y a la fuerza, sino como opción consciente y necesaria para que no se apague nunca la llama del sí primero. Como ese tatuaje color rojo que unos novios se hicieron en el dedo como si fuera una alianza de bodas. Grabada para siempre. Con el color de la sangre, de la vida entregada. Estés donde estés, te sientes habitado por la presencia de la persona con quien has decidido hacer este viaje. Y ser juntos para el mundo reflejo y destello del Dios Amor que Cristo traslució en su carne. Desde la propia familia, hacer familia con todos.

Y seguir el ejemplo del agapornis –del griego *ágape* y *ornis*–, el *pájaro del amor*. Especie monógama, como la mayoría de las aves. Cuando forma pareja, nunca ya se separa de ella. Pon un agapornis en tu vida.

Termino este capítulo un poco más largo –seguro que lo vuelves a releer– con dos microcuentos amorosos que publiqué en mi cuenta de X.

Uno

«Un día comenzamos a pasear y ya nunca volvimos a separar nuestros pasos».

Dos

«Me preguntó: "¿Por qué estás tan feliz cada día?". "Porque cada día me vuelvo a enamorar de ti", fue su respuesta».

Y un deseo convertido en breve oración para matrimonios:

Señor, enséñanos a permanecer juntos
en medio de las tormentas
y a celebrar juntos las victorias.
Únenos más fuertemente a ti y entre nosotros.
Haznos transparencia de tu amor.

Y recuerda que con Dios no existe eso que llaman amor no correspondido.

¡Nos rezamos!
1 Cor 13

16

La madre de Sócrates

En nuestra mentalidad actual chirría la imagen del pastor y las ovejas. Nadie quiere ser rebaño amorfo. Sin embargo, cada vez somos más masa, más grupo dirigido por los hilos y tentáculos de unos cuantos que van acumulando nuestros datos en el *Big Data* para aborregarnos y manipularnos. Detección de tendencias y patrones de comportamiento para engatusarnos con su mercancía adictiva. Nos ofrecen alas que en realidad son cadenas invisibles e indetectables a simple vista. Su éxito: hacernos creer que somos libres.

He tenido muy buen trato con bastantes pastores en los pueblos donde estuve de párroco. Personas de una sabiduría muy especial. Lo que más me sorprendía es que conocían a todas sus ovejas, sus historias, cómo habían nacido, sus familias, sus comportamientos. Para mí todas eran iguales, menos las pocas que tenían una característica peculiar. Para ellos cada una era distinta y única. Me contaban que una de las singularidades de las ovejas es su tendencia a estar juntas como mecanismo de defensa y supervivencia. Solas se extravían, se desorientan y se pierden. Son un poco despistadas.

¿La profecía de Ezequiel en el capítulo treinta y cuatro podría trasladarse a nuestros días?: «¡Ay de los pastores de Israel que se apacientan a sí mismos! (…) No habéis robustecido a las débiles, ni curado a la enferma, ni vendado a la herida; no habéis recogido a la descarriada, ni buscado a la que se había perdido, sino que con fuerza y violencia las habéis dominado». Puedes ser lobo depredador y disfrazarte de Caperucita Roja. Parroquias que iban sobre ruedas se han ido a pique en año y medio con el nuevo cura. «Se ha ido cargando lo mucho y bueno que había porque no era de su gusto», me comentaban en un lugar. Ladrones vestidos de oveja que no son más que lobos dispuestos a devorar lo que se interpone en su camino. Es triste que la vitalidad y felicidad de una parroquia dependan tanto de la lotería del cura que toque.

«Qué bonito cuando vemos a pastores que caminan con su pueblo, que no se separan, que no dicen "yo soy sacerdote u obispo" con la nariz hacia arriba. Hace bien al alma ver a pastores que caminan con su pueblo», remarcó Francisco en una de sus sencillas y, al mismo tiempo, profundas homilías.

Pastor herido. Eso es lo que somos. Pastores que tratan de aliviar el sufrimiento y dolor ajeno desde la experiencia de las heridas y cicatrices que uno lleva marcadas en su particular petate biográfico. Desde la herida nos encontramos. Desde la prepotencia nos distanciamos. Cuando te acercas a la herida del otro desde tu misma vulnerabilidad, la propia llaga empieza a sanar. El Buen Pastor te diría en los momentos más complicados: «Confía. No temas. Estoy contigo en este preciso instante. Déjame cuidarte y curar todas tus heridas. Te llevo sobre mis hombros y no te dejaré solo en el peligro».

Dar gracias por los pastores que, de alguna forma, sembraron en nosotros con su palabra y testimonio deseos del bien y de seguir más auténticamente a Jesús. Cuentan de un cura que le robaron en su casa y era tan bueno, tan bueno, tan bueno, que salió con un paraguas para dárselo a los ladrones para que no se mojaran bajo la lluvia. En el fondo, somos pastores fracturados. Pastores que acompañan las aflicciones de corazones maltrechos desde un corazón también herido y deslomado.

Doble paréntesis. Cuando vi la oveja Dolly dando vueltas allí expuesta en el Museo Nacional de Escocia en Edimburgo, me pregunté cuántas cosas experimentales estarán haciendo en laboratorios ocultos que no llegamos ni a imaginarnos. Ingeniería genética. No todo lo que se puede llegar a hacer significa que sea ético. Y lo sucedido en Ribadesella con los turistas rurales que se quejaban de algunas inconveniencias. Tuvieron que poner este cartel: «Atención *pueblu asturianu*. Usted accede asumiendo los riesgos: aquí tenemos campanarios que suenan regularmente, gallos que cantan temprano, rebaños que viven cerca e incluso algunos llevan *lloqueros* que también emiten sonidos, tractores propiedad de agricultores que trabajan para alimentarte y caminos asfaltados, no autopistas (conductor circule con precaución)». Cuentan que alguno llamó al ayuntamiento para denunciar que escuchaban a un gallo a las seis de la mañana y les despertaba en sus vacaciones. Aquí vendría muy bien ese *emoji* de una persona que se lleva la mano a la frente.

Todos estamos llamados a ser parte viva de la pastoral. De alguna manera, todos somos pastores. Quien tiene algo que ver con el crecimiento de los demás está llamado a hacerlo con los sentimientos del Buen Pastor. Educadores, catequistas, maestros, padres, acompañantes espirituales, miembros de Cáritas, curas, abuelos...

¿Y cómo olvidar a los gobernantes? Siempre animo a mi cuñado, votado varias legislaturas en las elecciones municipales para el ayuntamiento, a poner el interés del pueblo por encima del propio. Para mí es un testimonio de que hay políticos que no piensan en su bolsillo. Su vocación es el bien común. Y se desvive por la gente. Otro gallo cantaría si hubiera muchos como él. ¡A ver si lee esto y me cae una buena subvención!... ¡Que no falte el humor!

Ser parteros de Dios. No me gusta la expresión de que «hay que llevar a Dios a los demás». Dios ya está dentro. Esa es nuestra ventaja. La fe de que Dios habita en cada ser humano. Más que llevarlo, sería desenterrarlo como aquel tesoro escondido en el campo. El reino de Dios —solía decir el Maestro— está dentro de vosotros. La mayéutica es el método. Sócrates llegó a esa conclusión observando a su madre, Fenáreta. Era comadrona. El aprendiz llega al conocimiento de la verdad no desde ideas impuestas desde fuera, sino sacando a la luz lo que ya posee en su interior. El discípulo, quien extrae de sí mismo la verdad, llega a la iluminación a través del diálogo y la asistencia del parto. La certeza de que cada persona, por muy alejada que se halle o por mucho que perjure contra Dios, ya tiene la ley —el amor de Dios— inscrita en su corazón. Se trata, entonces, de acertar con la tecla adecuada. Pastores que ayudan a sacar fuera el Dios que anida ya en cada individuo. *Pastoral de buenos partos.*

Paso ahora a una técnica que suele funcionar con los de dentro. Es como cuando te enteras de que la camisa de tu amigo le costó veinte euros y vas y le dices que te compraste una igual por dieciséis. Aunque solo sean cuatro euros de diferencia, entra una rabia que cuesta disimular. Utilizo esta estrategia cuando doy un retiro o vamos de *comparcierto oración* con Ixcís y responde menos gente de lo que los organizadores esperaban. Suelo proponerles a los asistentes que, les haya gustado más o menos el evento, digan a los que no han venido: «No veas lo que te has perdido. ¡Qué maravilla! ¡Cómo disfrutamos! Una pena que no pudieras venir». La próxima actividad que se programe te aseguro que no se la pierden por nada del mundo. La llamo cómicamente la *pastoral de la envidia.* Hay, junto a ella, otra pastoral que da pocos frutos. La *pastoral del estrés. ¿*Hace falta explicarla? No, que me estreso.

Y, por último, una *pastoral sinodal*. Ojalá no desaprovechemos la oportunidad de una revisión exhaustiva del modo en que estamos intentando anunciar la buena noticia en cada diócesis y lugar. Una Iglesia sinodal significa una Iglesia participativa en la que cada miembro ponga en común los cinco panes y dos peces que ha recibido del Señor para el bien de todos. En mesas circulares. Por eso espero que el obispo y los curas –yo incluido– de vez en cuando aprendamos más a decir: «No lo sé. Busquemos juntos en el Espíritu sin miedo a nuevas propuestas»; que no tengamos siempre la última palabra en todos los asuntos ni respuestas preconcebidas para todo; que caminemos más en horizontalidad, sabiéndonos al servicio y no por encima del pueblo de Dios, ya que somos parte de él. Nadie tiene la exclusiva del Espíritu Santo y lo sabe todo… aunque tus amigos te llamen *Wikipedia*.

Y de la relación con los laicos comparto esto que tanto preocupa a Francisco: «El clericalismo es una complicidad pecadora: el cura clericaliza y el laico le pide por favor que lo clericalice». Creo que el laicado, en general, ha dado un paso atrás en estos últimos años y necesita de nuevo recuperar su vocación corresponsable que nace no de que le den unas tareas que hacer, sino de su propio bautismo. Pasar de una Iglesia clericalizada a una Iglesia sinodal no es fácil, pero es la carretera a transitar.

Principio para no meter en un cajón olvidado: «*Ecclesia semper reformanda est*». La Iglesia ha de estar siempre en proceso de reforma… y cada uno de nosotros también. Reforma y conversión no son un barniz superficial que oculta lo que hay en el fondo. Es *metanoia*, que llega hasta lo más hondo. Quizás hablar de *metanoia pastoral* ayudaría a tomar mayor conciencia de lo que tenemos entre manos. En una reunión oí esta triste y desesperanzada frase: «Hacer retoques para que todo siga igual». La Iglesia no la cambiarán los profesionales de Dios, sino los enamorados de Dios. Y, por medio de ellos, Dios seguirá transformando esta tierra.

Y una particularidad que tiene este pastor en contraste con los ladrones es que suele acostumbrar a dejar algún agujero para que la oveja, si quiere marcharse, lo haga. El Buen Pastor quiere hombres y mujeres libres para entrar y salir. Sabe que, una vez lejos, surgirá de nuevo muy dentro la añoranza y el anhelo de los cuidados y arrumacos que tenía en el hogar del que se largó. El ladrón, en cambio, te perseguirá hasta conseguir atarte fuertemente menoscabando tu libertad. El asalariado es como el capitán que abandona el primero el barco que se hunde o el entrenador que echa la culpa a los jugadores en las derrotas. Vi en un programa que ya usan los drones para controlar los ganados, animales rezagados o que se extravían. Pastores modernos. Dudo que se pueda aplicar en las parroquias con falta de cura. La tecnología al servicio de la pastoral. Ya van abundando los cepillos electrónicos para hacer donativos con la tarjeta.

El Buen Pastor es una de las imágenes primeras del cristianismo primitivo por delante incluso del crucificado. De hecho, parece ser que el crucifijo más antiguo data del siglo V. Jesús se define con una categoría de clase que en su tiempo era despreciada. Los pastores, por su labor continua con el redil, no podían acudir al templo. Al no cumplir con la Ley eran considerados gente de segunda o tercera clase. Parias y desclasados. Va Jesús y se compara con uno de ellos en vez de realzar su propia imagen y equipararse con un perfil ilustre y prestigioso de la época.

Es más, este pastor se hace cordero. Y ahí en cada eucaristía vemos como se funden el Buen Pastor y el Cordero en un poco de pan y de vino. «Este es el Cordero de Dios que quita el pecado del mundo». Alegoría maravillosa. Ser un ovejero que no tiene prestigio social, pero atrae el reconocimiento. Lo reconocen porque ofrece su ser y antepone la vida de los que cuida a la suya propia.

León, lobo y cordero. En el Antiguo Testamento se habla del León de Judá, pero el símbolo que se nos va a dar no va a ser un león poderoso y majestuoso, sino un cordero inocente e inerme. En Jesús, el león se metamorfosea en cordero. El lobo rememora el poder, el dominio y la violencia. Jesús recorrió el camino inverso. Culminó su pastoreo ocupando el puesto del Cordero. Como los *anawim,* los pobres de Yahvé. Danos pastores, Señor, con tu mismo corazón.

Dios confía
en nuestras frágiles manos
para transformar el mundo.

Dios confía
en nuestras frágiles palabras
para anunciar su amor.

Dios confía
en nuestros frágiles pasos
para servir a los demás.

Dios confía
en nuestras frágiles vidas
para reconstruir corazones heridos.

¡Nos rezamos!
Jn 10,1-16 y Ez 34

17

Máster en invisibilidad

Antes de comenzar su ministerio público ya sellado en las aguas del Jordán, el Espíritu prepara para Jesús una particular *despedida de soltero*. Cuarenta días de *crucero* en su particular *isla de las tentaciones*. Por cierto, si el programa se llamara *isla de los valores* dudo que tuviera mucha audiencia. Así estamos.

En los desiertos existenciales se desmoronan los ropajes externos. Desnudez ante la realidad. Desprovistos de defensas artificiales y trucos para esquivar los demonios internos. No hay que ir a Santiago de peregrinación. O sí. El caminar hacia Santiago es una parábola del peregrinar más importante hacia las propias profundidades. Juan Ramón Jiménez lo expresó bellamente: «No corras. Ve despacio, que donde tienes que ir es a ti solo». Lo más urgente y noble en el ser humano no es vencer a los demás, sino vencer al propio yo, vencer los propios miedos y fantasmas.

El desierto es lugar de prueba, pero también de gracia. Dios nos lleva donde no hay más que arena y tierra yerma. Quiere hablarnos al corazón en ese espacio vital sin apoyos, sin distracciones externas, sin nada donde agarrarse. En despoblado. Tiempo de destilación. Encuentro con tu esencia y verdad. Caen los maquillajes con que nos cubríamos y engañábamos. Como en aquella película india, *Tigre blanco*, cuando el protagonista se adentra en la gran ciudad para buscar un mejor futuro: «Me llevo estos dioses porque nunca sabes cuándo puedes necesitarlos». El desierto implica ausencia de dioses de uso a nuestro antojo. En el equipaje solo víveres necesarios. La fe para alumbrar las sombras interiores. Las raíces para permanecer firmes en la confianza. No se encuentran oasis sin atravesar desiertos. No hay tierra que mana leche y miel sin travesía inhóspita. No es que se busque. Llega solo. Dos preguntas. ¿Dónde te reparas? ¿Qué te desestabiliza?

Las gacelas pueden divisar un depredador a un kilómetro. Ojalá divisáramos de igual modo la tentación y sus añagazas. Siempre acude sin llamar ni avisar. Se presenta. Y no de manera evidente como la manzana invisible de Eva de la que nunca habla el Génesis o la de Blancanieves. Por cierto, no he visto manzanas más rojas, hermosas y brillantes —imposible resistirse— que las que vendían en una cadena de alimentos de High Barnet en Inglaterra. Verdaderas obras de arte… pero, cuando las mordías, no sabían a nada. Manzanas de laboratorio.

Las tentaciones hacen su aparición a menudo bajo máscara de bien. Siempre utilizan el engaño. Es como quien te habla con carita de bueno y luego te la clava. Te promete el cielo, pero te envía directamente al pozo oscuro de la tristeza y el vacío interior. Como Pepito Grillo advierte a Pinocho con estas palabras un tanto *reliosas*: «El mundo está lleno de tentaciones. A veces las cosas malas parecen buenas y, aunque a veces las cosas buenas suelen parecer malas, otras veces las buenas se vuelven malas, cuando esas malas parecen buenas… o viceversa. ¿Entendiste, Pinocho? No, contesta. Yo te ayudaré. Cuando me necesites, sílbame». Y empieza a cantarle la famosa *Dame un silbidito*. Por cierto, Geppetto es mi personaje favorito de todas las películas de Disney… cuando Disney era Disney.

El maestro de demonios decidió que ese día tocaba clase práctica. Para eso, llevaría a sus diez alumnos a la ciudad, mundialmente conocida por ser una población de perdición mundana. Quería mostrarles cuál era la diferencia entre un trabajo bien hecho y otro inconcluso. Atravesaron calles y visitaron casas, siempre con su invisibilidad acostumbrada. Todos los demonios que pudieron ver estaban tranquilos. O estaban echándose la siesta, o jugando a la *Play Devil Station* o bebiendo despreocupados en las barras de los bares o simplemente con los brazos cruzados. Después, los llevó a un convento donde había una comunidad de la congregación de los Hermanos de la Santa Fe Actualizada. Eran solo seis. Cada uno estaba en sus quehaceres. Alguno en su habitación estudiando, otro en la cocina preparando la comida, otro en la vaquería... Los demonios no dejaban de revolotear sobre cada uno de los consagrados. Agotados, sin resuello, pinchando de aquí para allá con distintas tentaciones, sin dejarlos ni un minuto, sin un instante para respirar. Cuando volvieron a clase, uno de los discípulos alzó la mano en medio de aquel pandemónium. «Hay una cosa que no comprendo muy bien. ¿Cómo es que en la ciudad los demonios estaban sin nada que hacer y descansando, y, en cambio, en el convento estaban todos sin perder un segundo? ¿No se supone que tendría que ser al revés?». El maestro contestó: «En el monasterio siguen batallando e intentando ganarse el corazón de los monjes hasta vencerlos. Por el contrario, en la ciudad los demonios estaban ociosos porque ya habían logrado su objetivo. Si queréis conseguir vuestro máster, ya sabéis qué hacer. Cuanto más invisibles, más éxito tendréis».

Dicen que el diablo primero te da la miel y luego te deja con hiel. Todo parece dulce y bonito, pero luego te abandona en una pesadumbre, tristeza y oquedad infinitas. Es como Kaa, la pitón de *El libro de la selva* que con sus encantamientos hipnóticos poco a poco se va deslizando hasta que te domina como a Mowgli. Te marea, te marea, hasta que te domeña y subyuga. Cuando Jesús acabó su *despedida de soltero* en aquel páramo frío y desolador, dice el Evangelio que «el demonio se marchó hasta otra ocasión». Y sí que fue tentado más adelante. Toda su vida... hasta en la cruz. «A otros ha salvado y a sí mismo no se puede salvar. Que el Mesías, el rey de Israel, baje ahora de la cruz, para que lo veamos y creamos». Tentación de orgullo y soberbia. «Ahora os vais a enterar de lo que vale un peine. Voy a bajarme de este madero maldito y os vais a quedar con la boca abierta. Preparad los móviles para viralizar el momento». ¿Te imaginas a Jesús con esta respuesta y actitud?

Una táctica en las guerras es la maniobra de distracción. Disparar y lanzar bombas en otros lugares para despistar, mientras se está preparando la batalla definitiva en otra localización estratégicamente estudiada. Así, frecuentemente, nos confundimos con algunas cosillas que nos pasan. Nos roza un disparo, pero por debajo se está moviendo un ataque más importante. Como jugando al pañuelo con los amagos de llevártelo corriendo para que el del otro equipo se precipite hacia tu lado, cruce la línea y quede eliminado. Es un maestro en la mentira y el fraude. El colmo ya es como aquellos policías que aprovechaban los controles para meter droga en el maletero del coche y multarlos después. Salió en las noticias.

Es fundamental estar vigilantes porque cuando vences alguna tentación, en las rampas de salida ya te está esperando la siguiente. «La mato y aparece una mayor», cantaba Silvio Rodríguez en *Sueño con serpientes*. En el sueño mataba una serpiente, pero inmediatamente nacía una más grande. Lo de los sueños y pesadillas tiene tela marinera.

Antiguos espectros aparecen de repente reclamando ser satisfechos. Propensiones que no desaparecen del todo. Velar y orar para no caer en tentación. Nadie está libre de que algún demonio antiguo resurja de las cenizas e intente desbaratarnos después de décadas. ¡Que se lo digan a los que dejaron la bebida o el tabaco! ¿De dónde se nutren tus demonios? Hasta el último día algunas necesidades insatisfechas y afectos más primarios clamarán a voz en grito desde zonas recónditas de nuestro ser. Hay que aprender a vivir con ellos, sabiendo que irán y vendrán y no se largarán para siempre. No dejarnos abatir por la falta de esperanza y la vergüenza del efecto rebote de alguna historia pasada no curada completamente que vuelve a emerger. ¡A seguir luchando sin levantar la bandera de la rendición! Hay vida detrás de nuestras luchas, tribulaciones y dolores. Resistir en la marcha, aunque no haya camino claro a la vista, solo arena y arena de un desierto que por instantes parece tragarnos. Igual que Dios acompañó y condujo al pueblo de Israel a lo largo del desierto, te acompaña y guía en tus propios desiertos.

Que cada caída suponga un impulso nuevo para seguir caminando. Que cada tropiezo sea una nueva lección y experiencia. Que cada dificultad sea un motivo para seguir creyendo. Lo importante no es el número de caídas, sino cuántas veces te levantaste para continuar batallando. Quien perdió su vida por ti no dejará que te pierdas. Confiar en la misericordia del que ya consiguió la victoria. Como el tentetieso que me regalaron con cara de gato en mi niñez. Por muchos golpes recibidos siempre terminaba de pie. Tenemos quien nos levante.

Una confusión muy habitual. No pocas personas al confesarse lo hacen de tentaciones que han padecido. Por las tentaciones vencidas no hay que pedir perdón, sino, más bien, dar gracias por haberlas superado y haber preferido la senda del bien. Jesús mismo fue tentado. ¿Tendría que ir a confesarse? Pregunta sin sentido. Distingamos entre *pecado* y *tentación*. Sufrimos de más mezclándolos y confundiéndolos.

Algunas tentaciones más. La impaciencia ante los errores ajenos, el perfeccionismo, la indolencia, el derrotismo, separar la cizaña del trigo antes de tiempo, la tiranía de los impulsos sexuales, el callar ante las injusticias... Sin duda, rendirse y dejar de caminar en el Señor es la más grande. Estas son algunas de las tentaciones, no todas, que nos acompañan y seguirán dando la lata hasta cinco minutos después del gorigori. Seguro que tú podrás añadir unas cuantas.

Entre el momento que recibes un estímulo exterior y la respuesta, hay un lapso para la libertad. Hay como entre cinco o diez segundos para escoger lo que más nos conviene en coherencia con nuestros principios y opciones vitales. A la tentación hay que darle un portazo cuanto antes. O emulando a Chiquito de la Calzada, nuestro malagueño más saleroso con semáforo incluido en memoria suya, plantarle un «¡*Hasta luego, Lucas!*».

Ante la tentación del poder,
ultimear y servir.
Ante la tentación de rendirse,
orar y confiar.
Ante la tentación de abandonar,
permanecer en el amor.
Ante la tentación de la violencia,
pacificarse y pacificar.
Ante la tentación de tener,
donarse y compartir.
Ante la tentación de aparentar,
ser y vivir en espíritu y verdad.
Ante la tentación de cruzarse de brazos,
embarrarse hasta el fondo.
Ante la tentación de la banalidad,
profundizar y meditar.
Ante la tentación de la mediocridad,
darse y entregarse.

¡Nos rezamos!
Lc 4,1-2.13

18

Preikestolen, el *Púlpito* más asombroso

Mi relación infantil con los animales fue un tanto de psiquiatría. Por un lado, iba al zoo de Fuengirola con asiduidad, me encantaban los libros y programas de animales, los documentales de la naturaleza. Por el otro, no tenía miramiento con algunas criaturas. Mi primo y yo cortábamos las patas traseras a los saltamontes para hacer carreras los domingos en La Yesera. Una vez varios amigos cazamos ranas en el río y con las ancas hicimos pinchitos sobre un fueguito. Decían que estaban ricas. Viéndolas fritas, nos dio asco y las tiramos. Otra de mis aficiones era hacer figuritas con plastilina. No debía ser muy buen artista. Se me quedó clavado cuando mis compañeros vieron aquel perro que había modelado en clase con todo esmero y exclamaban: «¡Qué caballo tan chulo!». Me pasé a la pintura al óleo.

Mirada utilitarista de la creación. Acercarse a la naturaleza contemplándola exclusivamente como objeto meramente económico. Recursos a extraer. Explotación salvaje sin importar otra cosa que los beneficios y ganancias, aunque sea a costa de romper la armonía y de poner en peligro el medio ambiente. Los peores depredadores. El planeta Tierra como lugar de extracción continua y mercantilismo extremo. Sin otro control que el de los intereses de unos pocos. La tierra no es una despensa inagotable. «Dominad la tierra» no quería decir «abusad de ella hasta el agotamiento y destrucción».

Bombardeados de agendas y ecologismo de diseño de personas que no han pisado el campo. La llamada *hipocresía verde*. Líderes de todo el mundo, millonarios y gobernantes en sus *jets* a la Cumbre del Clima de Escocia. Desfile de centenares de aviones privados casi vacíos cuyos pasajeros eran recogidos por limusinas privadas. Después, la foto contra el cambio climático. Postureo ecológico. Políticos usando bicicletas para la foto. Ecologistas de fachada.

Y la responsabilidad personal de cada uno. Todos sabemos que sería mejor para la contaminación que hubiera menos coches, pero nadie quiere prescindir del suyo. Estamos convirtiendo la tierra en un gigantesco contenedor de basura. *Basuraleza*. En la agenda del cambio climático debería colocarse como punto primero proteger nuestros bosques, invertir en incrementar el número de brigadistas de incendios y proveer con herramientas y medios eficaces de prevención y extinción de fuegos. Si no, no va a quedar nada para las futuras generaciones. Y esto debe empezar ¡ya! «La gente dice que deberíamos dejar un planeta mejor para nuestros hijos. La verdad es que deberíamos dejar unos hijos mejores para nuestro planeta», comentaba el cineasta Clint Eastwood. No se trata solo de pensar qué tierra heredarán nuestros hijos, sino en manos de qué hijos dejaremos esta tierra.

Efecto mariposa. El meteorólogo Edmund Lorenz señalaba que el aleteo de un lepidóptero en una punta del mundo puede desatar una tempestad en la otra. Una sencilla mariposa aleteando sus coloridas alas puede ser el detonante de un tsunami al otro lado del planeta. Cualquier acción pequeña y aparentemente insignificante realizada por un individuo aislado puede estar afectando a los habitantes del otro extremo del globo terráqueo. En resumen, el bien que hago aquí tiene una onda expansiva incalculable. El mal también. Sentir que somos un solo cuerpo, una sola familia, una sola humanidad. Aquel anuncio famoso en el que salía alguien tirando una botella de plástico al mar y pensaba para sí: «Por una no va a pasar nada. Nadie lo va a notar». La imagen siguiente era ver el fondo del mar lleno de plásticos y latas de personas que se apuntaron al «por una no lo va a notar nadie». Llamados a cuidar la casa interior que somos cada uno y la casa que nos acoge como criaturas. Es posible vivir en equilibrio y armonía con la naturaleza... y es urgente. Cuidar la casa común que nos recibe al nacer. El ser humano es el jardinero que Dios ha puesto para cuidarla, protegerla y hacerla prosperar. El banco más importante del mundo se ubica en Svalbard, un archipiélago noruego en el Océano Glaciar Ártico. Allí no guardan oro, sino semillas de todas las especies vegetales del planeta para preservar la vida en caso de apocalipsis mundial.

Earth: One amazing day es el título de una película documental que recomiendo. Narra las veinticuatro horas de un día en las distintas latitudes. Espectacular y asombroso. Las iguanas recién nacidas perseguidas por cientos de culebras. Los osos rascándose en los árboles y la musiquita que acompaña. La batalla entre las jirafas por el harén y el territorio. La siesta de los cachalotes. Lo que un perezoso es capaz de hacer por una cita que no sale muy bien. El colibrí atacado por las abejas por culpa del néctar. El serval usando sus oídos, capaz de escuchar un alfiler que cae, detectando su futuro almuerzo. Termina diciendo una voz en *off*: «No todas las criaturas se adaptan tan fácilmente a nuestro mundo. Pero los humanos podemos hacer algo para ayudar. Tenemos la capacidad de apreciar lo que ningún otro animal puede. Si abrimos los ojos, podemos ver la magia que nos rodea. Lo extraordinario en lo corriente. Podemos ver la frágil red que nos une a todos los seres vivos y comprender que el futuro de toda la vida está en nuestras manos. Hemos buscado maravillas en los confines del universo y del espacio, pero en su lugar hemos encontrado la mayor de todas en casa: aquí en nuestro afortunado planeta. Nada que sea más importante que proteger nuestro hogar y nada más maravilloso que lo que ocurre aquí todos los días».

El mejor museo del mundo es la creación. Un museo vivo. En Londres solía refugiarme en mañanas tempestuosas en el Museo de Historia Natural. Había un lugar donde, dentro de una pecera sin agua, podías maravillarte viendo el traqueteo de las hormigas trabajando. Me relajaba. El tiempo volaba. Ingeniería top. Imposible narrar la experiencia en Zimbabue. En cualquiera de las rutas en jeep de pronto encontrarte jirafas, ñus, una manada interminable de monos... Es una vivencia única.

Cuánta belleza literaria a partir de elementos de la naturaleza. Aquí comparto tres perlas. «Dame, Señor, la perseverancia de las olas del mar, que hacen de cada retroceso un punto de partida para un nuevo avance», rezaba Gabriela Mistral. Por su parte, el *beatle* John Lennon: «Cuando hagas algo noble y hermoso y nadie se dé cuenta, no estés triste. El amanecer es un espectáculo hermoso y, sin embargo, la mayor parte de la audiencia duerme todavía». Y la novelista canadiense Margaret Atwood con esta sublime descripción del agua: «El agua no es un muro sólido. No te puede detener. Pero el agua siempre va a donde quiere y al final nada puede oponerse a ella. El agua es paciente. Las gotas de agua pueden erosionar la roca. No lo olvides. Recuerda que eres mitad agua». Y los salmos.

«El cielo proclama la gloria de Dios,
el firmamento pregona la obra de sus manos:
el día al día le pasa el mensaje,
la noche a la noche se lo susurra.

Sin que hablen, sin que pronuncien,
sin que resuene su voz,
a toda la tierra alcanza su pregón
y hasta los límites del orbe su lenguaje».

Miscelánea de enseñanzas del mundo natural. Pedirle a un león que se ponga a cazar al mediodía en vez de al atardecer es como poner la misa de los domingos a las nueve de la mañana para que acudan los jóvenes. Hay animales que utilizan su luz para atraer a sus víctimas. Trampa mortal. Tan animal y tan humano. Un texto anónimo que corre por las redes: «Los ríos no beben su propia agua; los árboles no comen sus propios frutos. El sol no brilla para sí mismo; y las flores no esparcen su fragancia para sí mismas. Vivir para los otros es una regla de la naturaleza». Los inuit. Ya en su infancia aprenden a no enfadarse nunca con el tiempo meteorológico en la tundra. No abusan de la caza. Si ven una manada de caribúes y necesitan solo tres, no cazan más. Se sienten en comunión y respetan sagradamente el entorno. Consumo responsable. La cabeza que lleva la corona siempre vive inquieta. No descansa. Alguien se la puede arrebatar en el mundo animal. Igual ocurre en el mundo humano.

Dios es como un árbol que da sombra a todo el que se acerca. Seamos imagen suya dando frescor y resguardo a cualquiera que se acerque a nuestro tronco. Y una oración que me surgió viendo uno de los programas del grandísimo Félix Rodríguez de la Fuente: dame, Señor, la constancia y paciencia de los cámaras que hacen programas sobre animales y naturaleza.

En las convivencias de mi juventud no faltaba en laudes cantar en algún momento *Laudato si, mi Signore*. Nunca nos aclarábamos si era *oh mio Señore, oh mi Siñore…*, y disfrutábamos haciendo el contracanto. Una imprescindible encíclica de Francisco con ese mismo título que hay que meditar y sacar las consecuencias, continuada por *Laudate Deum*. San Francisco de Asís nos enseñó a alabar a Dios en todas sus criaturas, entrar en comunión y hermanarnos con todas ellas. Se puede vivir considerando que nada es un milagro o, por el contrario, que todo lo que existe lo es.

Confucio bien expresaba que «todo tiene belleza, pero no todo el mundo tiene la dicha de verla». Como en Jimera de Líbar. Bajada de la Virgen de la Salud en mayo a la estación. La fe más auténtica y sencilla fundida en la circundante naturaleza de campos verdes y florecidos, bajo la tutela y mirada del majestuoso pico Martín Gil. Procesión sin más lujos que la de un pueblo que canta y llora recordando a los que faltan, acompañando con sencillez a aquella a la que invocamos en el rosario como Madre del Creador. Atardeceres que fusionaban el cielo y la tierra. Un día en una conversación preguntaban en qué entorno natural me gustaría celebrar alguna vez la eucaristía. No tengo dudas. En el *Púlpito* más asombroso: Preikestolen... aunque sí tengo razonables dudas de que no podré realizar ese sueño.

Un guarda forestal amigo comentaba en una de las reuniones de matrimonios que sus experiencias más fuertes de silencio, meditación y oración eran cuando estaba perdido en medio del bosque y se dejaba bañar por la naturaleza que lo envolvía. Eso cuando los cazadores furtivos de venados o la amenaza de incendios lo dejaban tranquilo. A Jesús se le ve muchas veces orando en la montaña, junto al lago, y en sus parábolas se servía de fenómenos naturales, plantas y animales, para hacer más inteligible su mensaje.

Dios nos habla de sí por medio de cada rincón de la creación y lo hace de distintos modos. Un día puede ser a través de un jardín lleno de flores y al siguiente a través de una planta seca. Un día a través del cielo azul y al siguiente en el chapoteo de la lluvia. Parece que la palabra de Dios no solo quedó escrita en las páginas de la Biblia, sino también en las páginas de cada criatura. En cada una de ellas hay un verso de Dios. La tierra es sacramento del Creador, signo palpable de su presencia y existencia. La naturaleza entera alaba y glorifica a Dios. Todo habla de él. Es la otra sagrada escritura que pueden leer los que nunca abrirán una de papel. El papa Francisco lo resume invitando a vivir el Evangelio de la Creación desde una espiritualidad ecológica. *Ecoteología*.

Cuando ves un atardecer, un amanecer, el mar... no puedes explicarlo. Simplemente quieres abismarte, ser uno, contemplar y volver a la fuente de la vida. Nosotros somos asimismo un milagro de las manos del Creador. ¿Qué somos entre los más de ocho mil millones de habitantes? Hay una sensación especial cuando miras por la ventanilla de un avión. Se te pierde la vista entre las nubes y resuena aquello de «Señor, Dios nuestro, ¡qué admirable es tu nombre en toda la tierra! ¿Qué es el hombre para que te acuerdes de él?». Solo queda embargarse por el agradecimiento, la alabanza, el asombro, el silencio contemplativo, el éxtasis, la comunión, el cántico y el compromiso de cuidar responsablemente el don que hemos recibido no como propietarios déspotas, sino como buenos administradores. Y repetir con las primeras páginas del Génesis: «Y vio Dios que todo era bueno».

Gracias, Señor, por la Creación,
por la belleza nacida de tus manos.

Gracias por el cielo y las nubes
con sus peculiares formas juguetonas.
Perdón por la polución que ensucia el aire.

Gracias, Señor, por el mar, ríos y océanos,
por los peces y todas las criaturas acuáticas.
Perdón por tantos vertidos contaminantes.

Gracias, Señor, por los campos y los montes.
Perdón por los incendios, las tierras arrasadas
y la tala indiscriminada de árboles.

Gracias, Señor, por el mundo animal.
Perdón por la extinción de tantas especies.

Gracias, Señor, por el ser humano,
creado a tu imagen y semejanza,
jardinero, guardián y administrador
de la casa común que nos acoge.
Perdón por explotarla sin compasión.

Cambia nuestra mirada económica y usurera
para contemplar, proteger y cuidar la Tierra
como madre y hermana nuestra.

¡Nos rezamos!
Sal 8, Gn 1 y Sal 19

19

Caracolas en el roquedal

Ya con diez años me iba solo muchos días a pescar. Una gorra, un cubo, un pequeño chambel, un poco de carnada y mucha crema en la cara que me ponía mi madre para proteger mi blanca piel. Y allí entre las rocas del antiguo puerto, colindando con la Playa de las Coquinas, me tiraba toda la santa mañana. Casi tres o cuatro horas contemplando el mar, adivinando peces imposibles y de vez en cuando algún curioso que venía a ver mi cubo, habitualmente vacío de mis queridos amigos ictiológicos. Los que más picaban, *lobitos* y *viejas de roca*, eran devueltos al mar.

Ahora soy consciente de que lo que menos me importaba era lo que pescaba. Había algo que llenaba de paz el corazón de aquel chiquillo. El silencio, la quietud, la calma. Soy de esa generación que se crio literalmente en las calles. No había peligro, las puertas de las casas abiertas y los vecinos se sentaban nocturnamente *a la fresquita* como familia que comparte la jornada. Cada día los niños nos encontrábamos para jugar a las bolas, las estampas, las chapas, el rescate, el fútbol. Y a pesar de estar rodeado continuamente de amigos y maquinando nuevas correrías, algo me llamaba a perderme en la serenidad de esas aguas. Atento a que la boya rojiblanca de corcho se hundiera, pasaba las horas sin necesidad de hablar. Abrir los ojos, mirar, callar para no espantar las posibles presas, concentrado en un tú que me hacía salir de mí. Completamente volcado... y todo en silencio. Amo el silencio.

Las vacaciones del seminario se dividían en tiempo de familia y en diversas experiencias y actividades pastorales. Uno de esos veranos fui con otro compañero al Monasterio de la Oliva en Navarra. Nos permitieron vivir todo desde la hospedería interna exclusiva de los monjes, durante quince días. *Ora et labora*. Como *ora* la salmodia repartida en las horas del día junto a la eucaristía. Como *labora* ir a la bodega a pegar las etiquetas, limpiar las botellas del soberbio vino que producían y lo que hiciera falta. Se ve que nos vieron con pinta de gustarnos el *pirriaque*. Al compartir la vivencia con mi compañero seminarista, me contó que estaba deseando que pasara esa quincena interminable. Sin embargo, yo me sentía tan a gusto, con paz y disfrutando. Distinta vivencia de una misma experiencia. Nada que objetar. Nadie mejor que nadie. Ahí descubrí un nuevo aspecto en mi vida... Incluso llegué a plantearme seriamente si no sería esa mi vocación. Pude masticar el silencio, la oración y el trabajo como un todo. Lo recuerdo hoy y parece que estoy sentado allí escuchando callados la lectura durante las comidas en el refectorio, apabullado por la preciosidad mayestática del edificio y la belleza del silencio. Desde entonces, siento que dentro de mí habita un monje que cada día pega desde el interior con sus nudillos para compartir la vida conmigo. Memorias de mi alma eremita.

La pesca fue mi primera escuela de contemplación. Abundaban en el roquedal de aquel puerto de Fuengirola las hermosas y grandes caracolas con sus cangrejos ermitaños. Con un cazamariposas las atrapaba, temeroso de que apareciera sin preaviso alguna amenazante morena. Y hoy con esa misma alma de niño recuerdo cómo arrimábamos aquellas caracolas a nuestros oídos cuando ya en casa mostraba mis trofeos.

Silencio. Mar. Caracolas. Quizás nuestra llamada última sea ser como esas caracolas que, ya fuera del mar, siguen guardando –dicen– en su interior el sonido de las aguas. Qué maravilla si cada persona pudiera escuchar el eco del Gran Mar al acercarse a nuestras orillas. Porque el mar sigue silbando todavía y se puede escuchar a través de tantos que se han convertido en caracolas. En el silencio nació todo y en el silencio continúa sonando esa canción. Como caracolas en medio del ruido cotidiano. Caracolas con la música de Dios dentro sin importar en qué lugar estés. Existencias refulgentes, que emiten resplandor susurrado.

Una semana antes de marchar de la parroquia de Mollina, no quería dejar la oportunidad de ir a la Cueva de los Órganos. Un amigo de los grupos de matrimonios me había hablado de ella. Era un boquete en medio de la sierra, hacia el fondo de la tierra, de unos ciento diecisiete metros de bajada y completamente salvaje. Resbalones, murciélagos como avionetas, pendientes escarpadas. Iba yo como pensando «bajar está bien, pero luego ¿quién sube?». Con la única luz de las linternas en nuestras cabezas. Finalmente, los tres aventureros llegamos al fondo de la gruta. Cuál fue nuestra sorpresa que, junto a pintadas gamberras en las paredes de la cavidad, en un hueco alguien había dejado un pequeño nacimiento. Me emocionó. ¿A quién se le había ocurrido descender hasta allí abajo y dejar como testigo de su presencia un pequeño belén?

Solo llegando a lo más profundo de ti se encuentra lo que buscas. Es allí, en lo hondo, donde te ha estado esperando siempre. Quizá no haya que bajar cuevas, sino atreverse a vivir cada día más desde dentro que desde fuera. Porque ahí dentro hay un tesoro que sigue oculto y está deseando ser encontrado. Sería una pena gastar toda la existencia buscando en el exterior lo que ya poseemos en el interior, lo que ya es nuestro. Y la escalera para bajar a la cavidad más íntima es la contemplación orante que facilita el silencio. Debajo del río Nilo, el segundo más largo de la tierra tras el Amazonas, dicen que hay un río subterráneo que lleva seis veces más agua que en la superficie. Debajo de nosotros corre mucha agua. Somos como un río Nilo. Torrentes corretean alegres y desbocados por nuestras simas esperando regar nuestros desiertos.

Es curioso. Cuando tenía trece años y se abría ante mí la brutal etapa de la adolescencia, solo quería ruido y gente. Me regalaron mi primer tocadiscos. Ponía la música a tope con la intención de que, desde el balcón de mi habitación, la notaran los viandantes. Algo así como hacen algunos jóvenes en sus coches cuando llevan a tope la música reguetonera que hace temblar el asfalto. Contrariamente, hoy asistimos a la que se ha llamado «la generación muda». Los hijos prefieren escribir textos que hablar por teléfono con sus padres. Se molestan. Inseguridad y ansiedad, dicen los psicólogos. Con las redes sociales ha crecido la avalancha de información intranscendente que nos distrae, dispersa y nos parte en mil trocitos. Como pollos sin cabeza de una foto a otra. Es necesario parar tanto flujo. Y ahí juega su rol el silencio.

Busco un silencio que abra mis ojos. Busco un silencio que despierte tu voz. Busco un silencio que me hable de aventuras, riesgos, caminos inexplorados. Busco un silencio que me libere de los ruidos estériles de cada día. Busco un silencio que me pacifique en mis horas más bajas. Busco un silencio que sepa a compañía. Busco un silencio que ahuyente los miedos. Busco un silencio que tararee canciones. Busco un silencio que destrone vanidades. Busco un silencio que me hable de amor. Busco un silencio que me respire por dentro. Busco un silencio que me hable de ti. Busco un silencio que restaure la paz interior. Busco un silencio que alucie el alma. Busco un silencio que se haga en mí música callada y soledad sonora. Busco un silencio que me conduzca al tesoro escondido en lo más íntimo de mis entrañas. Busco un silencio que me ilumine cuando me pierdo en el griterío y bullicio del mundo. Busco un silencio que alimente mis ganas de levantarme cada mañana y salir a las calles con una sonrisa. Busco un silencio que haga posible escuchar, Señor, cómo me dices: «¡Cuánto te quiero!».

Palabra y silencio maridan bien. La Palabra permaneció silente durante treinta años, excepto por el episodio del templo a los doce. Escondida, madurando entre sillas y mesas de un taller de Nazaret. La Palabra se hizo carne en el silencio callado, en las manos que trabajan, en el discurrir de los aconteceres más comunes. Jesús estuvo en la escuela del silencio diez veces más tiempo que en la de la predicación y ministerio público. Y lo veían retirarse largos tiempos al monte. Noches enteras. De madrugada. Para no perder el sentido y la unidad de todo lo que estaba viviendo. En despoblado para no perder su núcleo.

A medida que más te vas adentrando y sumergiendo en Dios, menos palabras necesitas. El silencio se convierte en adoración. Las palabras entonces estorban si no nacen de tu verdad más auténtica. Y las que pronuncias producen un impacto diferente en los oyentes, como viene a sugerir este microcuento que titulé *Silencio que habla*:

«El discípulo preguntó:
—¿Por qué tus palabras llegan al corazón de todos?
El maestro respondió:
—Porque todas nacieron del silencio profundo en mi oración».

Callar cuando ignoras algo es sabiduría. Callar cuando explotan a alguien es cobardía. Callar abrazando el dolor de quien sufre es empatía. Callar para encontrarte contigo mismo es profundidad. Y callar cuando las palabras sobran y quiebran la magia presente. Callar las propias hazañas para que resuenen las del que tengo delante. Callar los fantasmas del pasado. Callar y enmudecer las violencias y los sones de guerra. Callar para mirar con ojos limpios sin ensuciar nada. Callar para aprender del otro. Callar para ejercer la paciencia y apagar respuestas preconcebidas. Callar y movilizar la sensibilidad. Callar y despojarse de brillos y luces. Callar antes que herir por envidias inconfesadas. Callar ante el dolor ajeno y ser solo presencia que abraza. Callar para escuchar cómo crece cada semilla invisible. Callar para combatir la dispersión. Callar para mudar la piel tras los golpes. Callar para que tus palabras se oigan nítidamente.

Una amiga que tenía un niño recién nacido me contaba que su momento más consciente y unificador de comunicación, felicidad, oración –todo junto–, era cuando contemplaba amorosamente a su bebé. Sin mediar palabras se hablaban. Sin hablarse se escuchaban. De tanto mirar a su niño sus ojos se volvían más resplandecientes, bañados de inocencia original. Comunión de miradas, corazones y vidas entrelazadas más allá de aquel cordón umbilical que un día fue cortado. No se trata tanto de *hacer* silencio como de *ser* silencio y vivir desde el silenciamiento en medio del torbellino diario. Porque Dios no estaba en el terremoto, ni en el huracán ni en el fuego. En una brisa y susurro que hizo que Elías se cubriera el rostro.

La pesca. Una escapada a una cueva con amigos. Un monasterio. Una madre con su bebé. Gentes, instantes y lugares que te ayudan a volver al hogar más tuyo. Ya conoces algunos míos. ¿Cuáles son los tuyos?

El mar es un espejo con sus colores, movimientos y quietudes, calmas y tempestades, orillas y horizontes, profundidades y mareas. Al final, orar es mirar el mundo con los ojos del Mar y dejarse arrobar por su belleza transformante. Y poder sentir que de tanto mirar al mar se me volvieron los ojos azules. «El mar ha encerrado toda su alma infinita en cada una de estas caracolas», expresaba poéticamente Pedro Casaldáliga. Dios es nuestro ermitaño. Qué bendición tener un huésped tan singular y único. Somos caracolas de Dios.

Quisiera escuchar con la empatía de tus oídos.
Quisiera ver con la transparencia de tu mirada.
Quisiera tocar como tus manos acariciaban.
Quisiera latir como tu corazón se conmovía.

Toca mis oídos
para que pueda escuchar tu voz
en lo hondo de mi alma,
en la voz de mis hermanos,
en el grito de los pobres.

Toca mis ojos
para que pueda contemplarte
en la creación siempre renovada,
en las luchas cotidianas de cada ser humano,
en ese pan y vino sobre la mesa desnuda.

Toca mis manos
para que pueda tenderlas generosamente
a quien me encuentre en el camino
en ofrenda y servicio.

Te he oído, te he visto, te he tocado…
Pero no sabría cómo explicarlo.
¿Acaso el amor tiene explicación?
¿Acaso se pueden encontrar palabras?

Mejor callar, contemplar,
abismarme en tu mirada,
dejarme enamorar por tus susurros y canciones.

¡Nos rezamos!
Lc 5,16 y 1 Re 19,11-16

20
Memoria de pez

Desvaído, según la RAE: «Que ha perdido la intensidad de sus colores o que tiene un color pálido o apagado». La conversión, si hablamos en cristiano, sería el proceso por el cual Dios nos mueve a salir de una vida mortecina, sin intensidad, pálida y apagada. Una vida que recupera los colores más brillantes y luminosos.

Anuncio de alarmas. Diálogo entre el trabajador de la empresa de seguridad y los dueños de la casa que ha sido recién siniestrada: «Voy a analizar los puntos vulnerables para dejar la casa protegida». Los caseros: «¿Podrías dejar la alarma hoy instalada? Cuanto antes mejor, para dormir tranquilos». Examinar nuestros puntos vulnerables por donde habitualmente se cuela el ladrón para robarnos la paz interior, la alegría del corazón. Y como la pareja del anuncio, cuanto antes, mejor sellar las rendijas débiles y peligrosas por donde nos pueden asaltar. El enemigo está al loro y sabe que nuestras fuerzas decaen y adivina cuando nuestras defensas están más bajas y desprevenidas. Uno se cansa nada más de pensarlo. Es lo que hay. Lo demás es mentirse. A todos nos gustaría certificar que alguno de esos traidores boquetes queda sellado para siempre. Pero no. Se requiere vocación de centinelas. Cámaras de vigilancia. Lo que más le gusta al caco es que nos confiemos y nos sintamos ganadores. Si la puerta chirría, cuanto antes... *tres en uno*.

No tenía ni idea de que existía. Después de pasar una ronda de médicos buscando por qué tenía dolor abdominal y náuseas, me prescribieron el análisis de *Helicobacter pylori*. Una bacteria que afecta al 60 % de la población. La infección se suele producir en la infancia, siendo muy raro pillarla de adulto. Pese a que suele persistir durante toda la vida, solo provoca síntomas en un porcentaje pequeño (10-25 %) de los infectados. En fin, que tenía el enemigo dentro desde la infancia... y yo sin saberlo. Gracias al tratamiento, ya no está ahí, según el médico. Y es que tenemos enfermedades espirituales y síntomas cuyo origen es algo que ha estado conviviendo con nosotros desde nuestra más tierna edad. Y necesitan también tratamiento.

La conversión es un proceso que dura toda la vida. Aunque hayas caminado mucho, sigues siendo un principiante y cometes errores precisamente de principiantes. Éxitos, reconocimientos, títulos, *curriculum vitae*, no cuentan mucho frente a todo lo que queda por venir. Es necesario dejarnos transfigurar:

Transfigúrame, Señor.
Transforma mis miedos en fe,
mi orgullo en humildad,
mis malos modos en ternura,
mis perezas en prontitud,
mis decepciones en esperanza.
Convierte mis guerras en paz,
mi desánimo en fortaleza,
mis divisiones en unidad,
mis sombras en luz.

Transfigúrame, Señor.

Solía confesarme de niño con un cura vasco. ¡Un santo! Mi madre me animaba a hacerlo. Se ponía a confesar durante la primera parte de la misa hasta que se proclamaba el Evangelio. La liturgia de la Palabra todavía era de segunda. Hacíamos un dos por uno. Pasaba un poco de vergüenza, porque su siseo se escuchaba perfectamente en la fila de pecadores que estaban esperando. Recuerdo una vez que me dijo: «¡Vamos, vamos rapidito! ¡Que juega el Athletic!», en la época en que solo había un partido televisado a la semana. He tenido la fortuna de encontrarme con curas que no han sido preguntones en la confesión. Conozco personas que me han comentado que lo han pasado muy mal. ¿Cuántas veces? ¿Dónde? ¿Con quién? Tanto que algunos no volvieron al sacramento nunca más. Es una lástima que una experiencia de tanto gozo y plenitud se convirtiera en lugar de tortura y control de conciencias. En el otro extremo, aquellos que vienen a confesar los pecados que ven en otros o cometen los demás o el típico «no tengo pecados, pero quería confesar».

Muchos de los momentos más duros y, a la par, felices que he vivido han coincidido con la celebración de este sacramento. Uno se libera de quedar bien y del orgullo herido. Fiesta de vuelta a casa donde lo que recibes es una lluvia de misericordia infinita, un abrazo que te llega hasta las mismísimas entrañas. Poder tender tu alma sin temor como se tienden las sábanas al sol. Volver a sentir que nunca es tarde para recomenzar, reemprender el camino, recuperar los sueños, volver a vivir con ilusión. ¡Qué importante encontrar a una persona con quien puedas abrir los desagües de tu existencia y no te juzgue! Cada uno tiene una biografía privada que solo conoce su confesor o acompañante. Afortunado de tenerlo desde unos años antes de que me revistiera con la casulla el día de mi ordenación. ¡Cuántas lágrimas, misericordia y profunda alegría juntas en un sacramento que resucita a quien ya se creía muerto!

El sacramento –por eso se llama así también– trae penitencia. Con frecuencia, el polvo acumulado no sale con un
plumero. Hay que frotar más fuerte. Es, en ocasiones, como
ir al dentista. No te apetece, pero es preciso acudir para tener
limpia y en condiciones la dentadura espiritual. No te preocupes. De penitencia no te va a mandar dos días de calistenia y
crossfit o cruzar el Misisipi a nado.

No es un contable quien tenemos delante. Gente que se le
queda la cosilla de no haber dicho todo. Para algunas cosas
tenemos unas tragaderas enormes y para otras somos estre-
chos. Aunque fuéramos con papel y pluma por la vida, se
nos escaparían detalles. La espina dorsal del sacramento de la
reconciliación no es nuestro pecado, sino la bondad con que
Dios nos acoge y perdona. No te preocupes si en algún momento se te olvida algo. Lo importante es el deseo de recibir
el perdón y reanudar la senda con un corazón más blanco que
la nieve. Al final, si te quieres quedar un poco más tranquilo, puedes pedir perdón por todos aquellos pecados que no
recuerdas, por el daño que hayas podido provocar sin darte
cuenta, por las omisiones en el amor y el servicio.

En vez de una *primera confesión*, yo tuve dos. Me expli-
co. La primera. Un suplicio. Como una sala de tortura. Miedo
cerval. No me acuerdo de mis superpecados de los seis años.
Lugar en penumbra y oscuridad. Creo que me entró hasta ansiedad y pánico… hasta donde puedo recordar. La segunda.
La primera vez que confesé. Recién ordenado, un compañero
seminarista me sorprendió en medio de un paseo: «¿Me puedes confesar?». Todavía casi no me sabía bien la fórmula de la
absolución. Siempre que paso por el portal de ese edificio me
digo: «mi primer confesionario». Espero que san José que, en
su carpintería ya tenía la patente, no se lo tomara a mal.

No le pongas límites a la misericordia de Dios. Ancla y
ciudadela de tantos hombres y mujeres de Dios. La habían

experimentado en sus propias carnes. Se sabían sostenidos y defendidos por ella. Un botón con algunas muestras: «Mi único mérito es la misericordia del Señor», san Bernardo. «Antes faltará agua en el mar y luz en el sol que misericordia en él para el corazón quebrantado y humillado», san Juan de Ávila. «Dios nunca se cansa de dar ni se pueden agotar sus misericordias. No nos cansemos nosotros de recibir», santa Teresa de Jesús. Y esto de san Agustín cuando comenta el texto de la adúltera: «Quedaron solo ellos dos: la miseria y la Misericordia». Los santos experimentaron la terneza y bondad ilimitadas de Dios sin poner trabas a su misericordia. No dudaron que su Dios era el Dios *hesed*. El Dios de la Misericordia, con mayúsculas.

Dios no tiene ningún problema en perdonarnos. Somos nosotros quienes tenemos problemas para creer que Dios de verdad nos perdona y nos acepta. En ti, Señor, siempre hay posibilidad para levantarse, para retomar la travesía, para amar de nuevo como la primera vez. Gracias, Señor. Eres el Dios de las interminables oportunidades.

Un hombre ya mayor no podía olvidar una infidelidad que había cometido cuando joven. Se lamentaba diariamente y recordaba su error como una pesada carga. Un día decidió, después de mucho pensarlo, ir a confesarlo a un sacerdote que tenía fama de santo. Decían de él que tenía línea directa con Dios. Se presentó y le dijo: «¿Podría preguntarle a Dios qué opina de aquello que me ocurrió hace unos años?». El sacerdote le dijo que lo haría sin dificultad. Unos días más tarde se volvieron a encontrar. Sonriendo, el cura empezó a decir: «Anoche me visitó Dios. Me dijo que no se acordaba. Reconoció que era un Dios con muy muy mala memoria. También me comentó que no tenía tiempo para recordar nuestras faltas, que todo su tiempo lo dedicaba a olvidar, perdonar y abrazar». Un Dios desmemoriado. Y ahora —nos dice Dios—

haz tú igual con los hermanos. Ten memoria de pez y paciencia con las faltas de los demás.

La principal confesión es confesar la inacabable misericordia que tiene Dios. Abrir nuestra debilidad a su fuerza. Dios, al ver nuestra fragilidad, no huye, sino que se congratula sobremanera. Soy la oveja encontrada, la moneda que recupera la mujer, el ladrón perdonado junto a Jesús en la cruz en el último instante, el hijo que vuelve a casa tras derrochar la herencia. Nos puede ocurrir que llegue el desaliento al ver que repetimos caídas que creíamos ya superadas. Dios nunca se desanima. «Es que siempre me confieso de lo mismo». Seamos ingeniosos en todas las facetas de la existencia menos en el pecado. No seamos creativos trayendo uno nuevo cada vez. Creativos en todo menos en hacer el mal. Cada cual tiene sus propias luchas y *caballos de Troya* que cíclicamente vienen a asolarnos. Dios se asoma a nuestra fragilidad con compasión y mimo. Es más, contaba con ella cuando nos llamó. El pecado no es el centro donde gravita el cristiano. El único centro y núcleo es el Dios Amor. No los pongamos a la misma altura.

Esto del papa Francisco es para enmarcar y releer cuando vayamos a recibir el sacramento del perdón: «Ante todo, ¡Dios perdona siempre! No se cansa de perdonar. Somos nosotros los que nos cansamos de pedir perdón. Él no se cansa de perdonar. Cuando Pedro pregunta a Jesús: "¿Cuántas veces debo perdonar? ¿Siete veces? No siete veces: setenta veces siete". Es decir, siempre. Así perdona Dios: siempre. Y si tú has vivido una vida de tantos pecados, de tantas cosas feas, pero al final, un poco arrepentido, pides perdón, ¡te perdona inmediatamente! Él perdona siempre». «La confesión, más que un juicio, es un encuentro. Tantas veces las confesiones parecen una práctica, una formalidad: *bla, bla, bla...* ¡Todo mecánico! ¡No! ¿Y el encuentro dónde está? Es ir a encontrar al Padre que reconcilia, que perdona y que hace fiesta». Maravillosa medicina de lo alto. ¡Este es el Dios en quien creo! Un Dios sanador que llama a hacer carne la *Vocación de sanar*:

Solo en ti encuentro mi descanso.
Tú eres, Señor,
el aceite y bálsamo en mis heridas,
el árbol que me regala su sombra,
el agua fresca en mis sequedades.

Tú eres la mano que me levanta y sostiene,
las raíces por donde crecen nuevas flores,
las alas que me hacen volar en libertad.

El mundo anda enfermo y cabizbajo.
Odio, injusticia, pobreza y violencia
son sus principales dolencias.

Sigue llamando a hombres y mujeres
que tengan como vocación primera sanar:
sanar tristezas, sanar historias,
sanar familias, sanar la iglesia,
sanar heridas, sanar la tierra.

A ti levanto mis ojos,
buen Médico del alma.
En ti espero y pongo toda mi confianza.

¡Nos rezamos!
Sant 5,16 y Mt 18,21-22

21

Una moneda al aire

Hay un anuncio de un banco que cambia la letra de una canción: «Si me das a elegir, me quedo con todo» en vez de «me quedo contigo». *«I want it all and I want it now»* cantaba el legendario Freddie Mercury. Él no solo lo quería todo, sino que además lo quería ya. Ese es el gran fraude de nuestro tiempo: creer que es posible quedarse con todo. La realidad es que la vida trae consigo pérdidas, renuncias y límites. A veces, te proporciona una manta tan corta que urge elegir entre taparte los pies o la cabeza en medio de una noche gélida. Entonces, hay que escoger el mal menor. *C'est la vie.*

El problema surge cuando tienes que decidirte entre dos cosas que son buenas. ¿Qué escoger? Estábamos en el seminario celebrando un Encuentro del Presbiterio. Aquel día fue muy importante para mi devenir posterior. Llevaba cuatro años de cura. El que era vicario general me dijo entre pasillos que tendría que estar en una parroquia de la capital y no perdido en la sierra. ¡Con lo feliz que estaba y lo que quiero esos pueblos! Más tarde, se acercó un compañero y me comentó que, ya que tenía inquietudes misioneras, por qué no me marchaba a la misión diocesana. Media hora más tarde me crucé con el obispo que, por lo bajini, me susurró si estaba dispuesto a irme a Roma a estudiar el siguiente curso. ¿Confabulación de las estrellas? No me lo podía creer. Todo en una misma mañana. Tres posibilidades y todas buenas. Discernir nunca ha sido fácil. Cada uno de ellos con sus razones y buscando –no lo dudo– lo mejor para mí. Decidí que a partir de entonces escucharía a todos, pero les daría la palabra final a mi conciencia y a Dios, incluso si mis decisiones eran impopulares. Y esto tras compartir mis inquietudes y dudas, escuchar atentamente a mi círculo más cercano y acompañante espiritual.

Un criterio al que recurro con frecuencia a la hora del discernimiento es el de santa Teresa: «Todo lo que os despertare a amar: eso haced». Colocar como primer principio el amor frente a otros intereses y miedos que puedan interferir. O aquella otra pregunta, desplegada en tres, que va en semejante dirección: ¿qué haría Jesús en esta situación? ¿Cómo la afrontaría? ¿Qué respuesta daría él si estuviera en mi lugar? Hay gente que prefiere otros modos. A alguno le puede servir el método de Tommy Shelby que deja caer en uno de los capítulos de *Peaky Blinders*: «Cuando no estés seguro de algo, lanza una moneda, porque cuando esté en el aire te darás cuenta de qué lado estás esperando que caiga». O el de una muchacha que comentaba que era muy aficionada al horóscopo porque era el único sitio donde le salía que iba a tener dinero, pareja, salud, viajes, todo junto y en el mismo mes. Quien no se consuela es porque no quiere.

Nos gustaría ser cual clavadistas que se lanzan al agua y hacen el salto perfecto. No siempre podemos clavar la respuesta. Para chequear si la decisión tomada fue correcta, el tiempo posterior es el mejor aliado. Las señales, alegría interior y paz que irán confirmando que el rumbo escogido era el idóneo, aunque fuera el más complicado y menos apetecible. Se va notando cómo esa elección tomada va influyendo positivamente en las demás áreas de la vida. Ya no te sientes dividido. Vuelves a recuperar tu centro. Vives unificado y tu

corazón sabe que es ahí. Vas experimentando que es tu lugar
en el mundo y tu modo de estar en él, que todo parece en-
samblarse, que el Espíritu te va ofreciendo nuevos regalos y
signos sencillos que van corroborando tu opción adoptada. Él
es el *Verificador*.

Aprender a distinguir, contrastar y poner nombre a esos
movimientos dentro de nosotros, esas mociones del Espíritu.
Llegar a descubrir cuáles vienen del buen o del mal espíritu. Lo que mata cualquier discernimiento es la rigidez y la
cerrazón de mente. Impide ser libre para percibir por dónde
sopla el Paráclito y desea encarrilarnos. Saber si lo que necesitamos son solo pequeños acoples y ajustes o una enmienda
a la totalidad, una restauración global. Si estamos en el camino apropiado o estamos más perdidos que el barco del arroz.

Importante darse cuenta si estás viniéndote un poco arriba
y te estás dejando mover por fogonazos repentinos. Tantos
promesantes que retiran sus propósitos cuando pasa la fiebre.
Más efímero que las burbujas que los niños hacen con un
pompero de agua y jabón. O, por el contrario, es una resolución firme que refrenda tus elecciones primeras. No hacer
una decisión en el subidón o en el bajón de una experiencia.
Cuando se serenen las aguas, se verá con mayor transparencia
el fondo. Dejar que emocionalmente vuelvas a estar más o
menos tranquilo para ver las cosas desde otra óptica. Evitarás
dejarte arrastrar por el primer arranque. Paciencia, oración y
cabeza.

Llevaba unos cuatro meses estrenando mi sacerdocio. En
la casa parroquial acomodé una de las pequeñas habitaciones
como oratorio. Mejor compañía, imposible. No soy de gusto
barroco, pero no me hacen gracia las paredes en blanco. No
sé cómo salió la cuestión en uno de los grupos de adultos. El
caso es que a las tres semanas se presentaron con un póster
con un dibujo a cera precioso. Un árbol con raíces cerca del

agua (como el del salmo), con un texto escrito. Aún desconozco el autor del mismo. Decía así:

Que Dios esté en mi cabeza y en mi entendimiento.
Que Dios esté en mis ojos y en mi mirada.
Que Dios esté en mi boca y en mi palabra.
Que Dios esté en mi corazón y en mi entendimiento.
Que Dios esté en mi caminar y en mi partida.

Me pareció tan conmovedor y, a la vez, tan sencillo que entendía que aquello no lo podía haber hecho cualquiera. Pregunté por el autor del cartel. Un joven que había estado muy pegado a la parroquia. Se había ido a la capital a estudiar en la universidad. Ahora había volado tanto que se denominaba a sí mismo ateo con verdadero orgullo. Me descolocó internamente. Admiraba el dibujo con aquella oración y pensaba que el autor –aún no lo conocía– y esa obra de arte tenían algo muy poderoso en común. Pasó el tiempo y nos conocimos por fin. Un día me propuso tomarnos algo y echar un rato de cháchara. Allí en la barra de un pub colindante a la casa donde vivía, un cura y un ateo nos tomamos no recuerdo si fue un café o un té. El diálogo prometía. Sus primeras palabras fueron: «Yo no creo en esta Iglesia con tantas riquezas. Los curas deberían casarse...», más los típicos temas recurrentes. Tenía pocas ganas de platicar sobre esas cuestiones cansinas. Así que le di la razón en todo. No siempre callas porque otorgas, sino porque no te apetece discutir en ese momento. Saber pesar cuándo hacer una cosa u otra es asunto de discernimiento también.

Y ocurrió algo mágico. «Y, entonces, ¿de qué hablamos?», preguntó. Y de pronto la conversación pasó de lo superficial a lo profundo. Habló de sus inquietudes más internas, sus búsquedas, sus sueños, sus preguntas. Compartimos ambos desde ese recinto sagrado y común donde dos personas por muy diferentes que sean se encuentran. Fue una gozada. A partir de ahí nació una bella amistad. Cuando venía de Málaga, intentaba hacerse el encontradizo. Hablábamos largo y tendido de lo que iba aconteciendo. Dios lo estaba encendiendo y quemando por dentro.

Una tarde me pidió si me podía acompañar a la otra parroquia donde tenía que celebrar la eucaristía. «Por supuesto, venga, súbete, que nos vamos. Voy con el tiempo justito». Una vez terminada, ocurrió algo que nunca en la vida podía imaginar que haría. Él comenzó de nuevo a compartir sus inquietudes más íntimas. De repente –supongo que esta es la ira de Jesús de la que habla el Evangelio–, lo cogí de la camiseta y con tono grave y áspero le lancé: «¡Tú lo que tienes es miedo a responder a lo que sientes! A mí no me busques más para tapar tus excusas y pretextos. Di sí o no ya a lo que hay en ti y punto». Él se quedó blanco. Yo también. No sé de dónde había salido eso de agarrarle y espetarle esas cuantas frases. Ahora creo que lo sé. De vuelta en el coche recorrimos en silencio sepulcral los kilómetros que separan ambos pueblos. Hoy aquel ateo es un cura diocesano muy querido.

Cosas de Dios. Nunca he vuelto a coger a nadie de la camisa, excepto a unos niños que les encantaba que los zarandeara cuando cenábamos en casa con sus padres en Humilladero. Casi sudando de los meneos que les metía y muertos de risa, agotados, gritaban: «¡Más, más!». Y es que Dios es así. En cada cruce nos pone en situaciones y con personas. Mediaciones inopinadas. Dios habla a través de las circunstancias que menos podamos imaginar. Actitud de encontrar y hallar su presencia a lo largo de cada día en todo lo que nos sucede. Mantener esa mirada capaz de descifrar su presencia invisible pero perceptible.

Un microcuento que titulé *A contracorriente*:

«Un día decidió salirse de la corriente y del pensamiento dominante, se descalzó los zapatos de siempre y regateó

el destino que le habían marcado desde fuera para recorrer
los caminos que el Espíritu tenía guardados para él».

A veces, me revisto de apariencias.
Envíame tu Espíritu de verdad.

A veces, me cuesta dar la cara por ti.
Envíame tu Espíritu de valentía.

A veces, me pueden las sombras.
Envíame tu Espíritu de luz.

A veces, siento que me ahogo.
Envíame tu Espíritu de vida.

A veces, tengo miedo.
Envíame tu Espíritu de fortaleza.

A veces, no sé para dónde tirar.
Envíame tu Espíritu de discernimiento.

Acompáñame en mis travesías
con tu impulso y tu aliento.

Ven, Espíritu de Dios.

¡Nos rezamos!
1 Cor 12,10 y 1 Jn 4,1

22

La rosa de los vientos

Los científicos encontraron en 1992 una ballena solitaria. Comenzaron a seguirla y estudiarla hasta la fecha de hoy. Hay ballenas que llegan a vivir hasta noventa años. Ni pareja ni grupo ni familia. Un caso atípico. Emite su canto, pero nadie acude. Tiene un timbre especial y ninguna otra ballena puede percibirlo. Reclama amistad cada día. Como afirma el estudio, «vaga sola por el océano, llamando a la compañía, pero nadie viene. Su llanto es ignorado y sus intentos de comunicarse quedan sin respuesta... Pero ella sigue llamando». ¡Cuántas *ballenas* elevan su canto cotidiano en tierra firme sin que nadie escuche su onda!

Lo único que suplica mucha gente es ser escuchada. Vamos tan acelerados que no tenemos tiempo. Atareados hasta arriba sin huecos para más. Un desafío. Postergar nuestra propia agenda para leer atentamente la página del hermano que tenemos delante. Escuchar es ir más allá de las palabras para contactar con el misterio del otro. Qué fácil es decirle a alguien «¡pasa de página!» cuando no sabes cuánto pesa esa página en su vida y lo duro que puede llegar a ser. A menudo, más que ayudar agobiamos. Mejor acompañar y, si es posible, estar al lado como apoyo para que ese capítulo no lo hunda más.

Se ha puesto de moda el término *tóxico* para referirnos a algunas personas y relaciones que asfixian y contaminan. Es el momento de hablar de personas y relaciones *medicinales*. Es verdad que hay actitudes tóxicas que envenenan el ambiente en el que nos movemos, pero no es menos cierto que hay otras que llegan como un bálsamo para las heridas y que oxigenan de aire fresco con su presencia. Hay encuentros que son como gasolina para un coche al que se le ha encendido la luz naranja de la reserva.

Gente que cuando nos estamos ahogando hace todo lo posible por acercarnos a la costa. Todos precisamos espacios vitales en los cuales podamos abrirnos sin miedo, sin filtros, sin avergonzarnos, con libertad, desfogarnos, donde podamos desplegar el alma. Qué bien hace encontrar esa persona con la que puedes desahogarte sin máscaras ni caretas, confiar sin condiciones, sin sentir que te está juzgando. Alguien que está ahí escuchándote, acogiéndote, abrazando tu ser con delicadeza y empatía. A todos nos gusta que nos hagan regalos. Pero nada como el don de alguien que está atento a ti, deja su programación y asuntos para estar contigo y compartir, reír, llorar. Lo que toque. Sin duda, este es el mejor regalo que ofrendar.

El dolor te incita a dos caminos contrapuestos: abrirte y compartir lo que te está matando dentro o encerrarte en tu aislamiento, tus pensamientos, e ir masticando lentamente tu propia muerte en vida. Siempre –decimos– estará Dios. «Descargad en él todo vuestro agobio, –anima Pedro– pues él cuida de vosotros». Es nuestro seguro de vida. Aun así, necesitamos comunicarnos, sentir que besan nuestras soledades, derrochar lágrimas sin pudor con alguna *persona pañuelo* que empatiza cuando todo se vuelve oscuro. Sin dictaminar sentencia sobre ti. No basta tener muchos conocidos. No se puede abrir la interioridad a cualquiera. Dice

Carl Jung, «la soledad no viene de no tener personas a tu alrededor, sino de no poder comunicar las cosas que te parecen importantes a ti».

A veces es difícil abrirse porque podemos sentir miedo de que nuestro confidente revele algo íntimo a otros. Por eso, en cierto modo, es siempre un salto al vacío encontrar alguien adecuado, dar en el clavo. Los que escriben pueden tener una facilidad mayor para expresarse. Para pedir ayuda no hay que esperar a que el chiringuito que nos hemos construido se venga abajo. Lo peor es incomunicarse. Hay quien se ha convertido en una suerte de fortaleza inexpugnable por experiencias negativas vividas anteriormente. Si notas que te vas deslizando cuesta abajo, adelántate y comparte tu situación.

Lo ideal sería tener, además de buenos amigos, un acompañante espiritual. Y si no se tiene, dar el paso y buscar aquella persona –cura, laico o con votos– que sea como una rosa de los vientos. Referencia para el rumbo de tus puntos cardinales interiores, ayuda para orientarte en la navegación dejándote mecer por el soplo del Espíritu sin imponerte ni marcarte nada.

Es el principio de la salida. Como lavar los platos. Las costras y suciedades, cuanto antes salgan, mejor. Si resulta que no da tiempo, pues los dejas en agua y la mugre saldrá más fácilmente de esas sartenes *antiadherentes* que se pegan a los diez usos de comprarlas. Ya sabemos que cuando se enciende la luz, las cucarachas no tardan ni un segundo en esconderse, en volver a sus cuevas lúgubres. Y la luz puede venir de un encuentro con el acompañante espiritual que te ayuda a disipar las posibles cucarachas que están invadiendo tu morada interior. Retrasarlo aumentará la plaga. Conflicto que no se afronta, conflicto que engorda. Lavar los platos lo antes posible. Menos hedor y la comida sabe mejor.

Se irá convirtiendo con el tiempo en un testigo del paso de Dios por tu vida. Como un espejo para reconocerte a ti mismo. Colaborador en tu discernimiento. Animador del cambio de neumáticos que ruedan desgastados y suponen un peligro para la conducción diaria. *Desplegador* de todas las potencialidades escondidas. Recordatorio viviente de las piedras que superaste y los obstáculos que venciste. «Muchos no son buenos –decía Pío XII– porque nadie ha confiado suficientemente en ellos». El acompañante no sufre de escepticismo. Confía y sabe que la obra la está realizando Dios. Es de Dios. Él es un sencillo jornalero que colabora, sin erigirse en protagonista del proceso. Dios no para de trabajar. Enhebra y trenza cada historia con delicadeza y mimo. Lo hace en silencio como lo hace una semilla. En el silencio parece que apenas ocurre nada, pero ahí es donde se va gestando la vida: crecen los lirios del campo y las aves del cielo construyen sus nidos.

El buen acompañante empuja hacia adelante y da pistas para descubrir los bloqueos y taponamientos para progresar. Más que evitarle los reveses, anima a derrocarlos. No sustituye ni roba la responsabilidad y la libertad del acompañado. Hacerse adulto, en la vida como en la fe, lleva un trabajo exigente. De ahí que tantos busquen maestros que tomen las decisiones por ellos, les digan qué tienen que hacer y moldeen su forma de vivir. Curiosamente, todos hablamos de libertad, aunque buscamos insistentemente la seguridad en gente que nos marque el camino. Un buen acompañante no cae en la tentación de controlar y dirigir, sino que es consciente de que la última palabra pertenece al acompañado. No por eso deja de aportar datos irrefutables surgidos en entrevistas previas. Como aquel profesor que corrigió al estudiante que en el examen confundió *La Guerra de las Galaxias* cuando la pregunta se refería a *La Guerra de las Galias*.

Como Elí con Samuel. Alguien con quien vas aprendiendo a masticar y digerir lo que te va sucediendo. A distinguir cuándo tienes que echar el freno de mano y cuándo pisar el acelerador. A ver luces que por estar tan cerca no ves. A verbalizar tu situación de un modo pacificado. A tomar distancia y ver con un poco más de objetividad el partido que estás jugando. A salir del *micromundo* que da vueltas y vueltas en la propia cabeza. A abrir las ventanas y ver que hay vida más allá de nuestra nariz. A tener paciencia con la herida para no arrancarte la postilla antes de tiempo. A diferenciar la fantasía e idealismos de la realidad y los pies en la tierra. A facilitarte ver que las cosas son en ocasiones complicadas en la testa, pero fáciles en la práctica. A escapar airoso de los laberintos subterráneos que tú mismo te vas creando. A comprender que no somos el centro del universo. A enseñarnos a contemplar la trabazón de nuestra biografía que tiene su consistencia en la fidelidad de Dios.

Cuesta asumir consejos que hubieran quizás evitado algún batacazo. Consejos vendo que para mí no tengo. Nadie escarmienta en cabeza ajena. A toro pasado, aprender e incluso aceptar las vivencias ocurridas y dar gracias por haberlas vivido. Porque Dios no se ausenta en nuestras caídas y sufrimientos. Tantas veces nuestros pies no van por donde dice nuestra razón. Todos necesitamos alguien que nos arrope, que sea como ese portal donde guarecerse cuando la lluvia es tan fuerte que no tiene sentido salir a las calles para que nos arrastre la riada.

Es muy conocida la carta que un Albert Camus agradecido, tras recibir el Premio Nobel, escribió a su maestro de la infancia quien puso todo su empeño en la educación de este niño de familia muy humilde.

«Querido señor Germain:

He esperado a que se apagase un poco el ruido que me ha rodeado todos estos días antes de hablarle de todo corazón.

He recibido un honor demasiado grande, que no he buscado ni pedido. Pero cuando supe la noticia, pensé primero en mi madre y después en usted. Sin usted, la mano afectuosa que tendió al pobre niñito que era yo, sin su enseñanza y ejemplo, no hubiese sucedido nada de esto. No es que dé demasiada importancia a un honor de este tipo. Pero ofrece por lo menos la oportunidad de decirle lo que usted ha sido y sigue siendo para mí, y le puedo asegurar que sus esfuerzos, su trabajo y el corazón generoso que usted puso continúan siempre vivos en uno de sus pequeños discípulos, que, a pesar de los años, no ha dejado de ser su alumno agradecido. Le mando un abrazo de todo corazón».

Dios es un maestro que no repite pedagogía con sus alumnos. A cada uno nos conduce de modos diferentes… parecidos, pero diferentes. Y sitúa cerca de nosotros a personas sin las cuales nunca hubiéramos aprendido algunas lecciones. En realidad, él es nuestra rosa de los vientos y, como no siempre sabemos interpretar las señales, pone a nuestro lado ángeles que nos acompañan.

A la tercera vez de sacar de la cama al sacerdote Elí, comprendió que era Dios quien llamaba al pequeño. Invitó a Samuel a decir: «Aquí estoy. Habla, Señor, que tu siervo escucha». ¿Quién no ha dicho o cantado esta oración en algún momento? Palabras que se unen al «hágase en mí» de María.

En tiempos de bonanza y alegría,
cuando estoy rebosante de vida,
yo también digo:
hágase en mí.

Cuando no veo claro el camino
y no me encuentro a mí mismo,
oro e insisto:
hágase en mí.

Cuando me siento con ánimo y fuerzas
y vivo con gozo en tu presencia,
no olvido:
hágase en mí.

Cuando todo se vuelve cuesta arriba
y nada en este mundo me motiva,
tres palabras repito:
hágase en mí.

Como María en cada momento,
ya sea con fe o desconcierto,
yo también, Señor, te digo:
hágase en mí.

¡Nos rezamos!
1 Sm 3,1-21 y 1 Pe 5,7

23

Has *egordado* un poco

«¿Quién sabe quiénes eran los dos personajes de la parábola que acabamos de escuchar?», pregunté a los niños en la eucaristía. Uno de ellos respondió: «Un fariseo y un republicano». Cosas del directo.

El fariseo presenta todos sus méritos y las razones por las que se merece el amor y la aprobación de Dios. Tan inflado de sí que proclama sus propias maravillas al mismísimo Dios. Hoy se traduciría: «¿Qué sería de la diócesis, de la parroquia, del mundo, de los demás, sin mí? Menos mal que estoy yo». *San Imprescindible*... hasta que tienes un percance y no puedes realizar la misma tarea, el mismo servicio o sencillamente que llegó tu hora. ¿Imprescindible? La vida seguirá sin ti para adelante. «Te doy gracias, Señor, por todo lo que llevo *pa'lante* y tan bien... no como los otros». No se siente necesitado ni agradecido ni regalado. Solo con derechos. Recaudador de impuestos ante Dios. Pasando factura. Élite religiosa. Mirando por encima del hombro al publicano porque él está en otro nivel. Justo y justificado por sus propias obras, no por las que Dios hace en él. Se cree salvado por su propio actuar, no por el amor del Dios misericordia. Autosuficiente. No necesita a Dios nada más que para que firme su lista de buenas obras. No cree en la gratuidad de la salvación.

Por nuestras arterias y venas corren ríos de sangre farisea. Creemos que nuestros méritos nos harán ganar el corazón de Dios. Se nos olvida aquello que tantas veces repetimos en algunas oraciones: «por los méritos de nuestro Señor Jesucristo». Nos gustan los focos y las luces de neón. El pavoneo. Hay fachadas hermosas, especialmente en los centros antiguos de las ciudades, que esconden verdaderos palacios ruinosos. Nos llevamos sorpresas con alguna que otra fachada sencilla que alberga en su interior lugares mágicos. Algunas fachadas espectaculares alojan, por el contrario, ruinas y escombros.

¿Cómo me sitúo ante Dios, como un monologuista o como quien le deja espacio y escucha su voz? «Cuando rezamos, hemos de ser humildes para que nuestras palabras sean efectivamente oraciones y no un vaniloquio que Dios rechaza», afirma Francisco. Monólogo no es oración. En la oración del fariseo no aparecen prácticamente ni Dios ni los demás, si no es para compararse y despreciar. Exhibición de todo lo que ha realizado. Cursillos, seguidores en redes, títulos, éxitos pastorales. Lo mejor de los egocéntricos –dicen los ingleses– es que no hablan de otras personas porque solo están ocupados en hablar de sí mismos.

El fariseo de todos los tiempos no necesita a Dios. Va *sobrao*. Se considera de otra pasta. Con aires áulicos. Por encima del bien y del mal. Cerrado sobre sí, todo lo hace bien y eso le hace sentirse superior y con derecho a señalar y juzgar e incluso condenar a los otros. Ha cumplido a la perfección. Se siente lleno ante Dios. Oración que se convierte en «arrodíllate, Dios mío, ante mi bondad y buenas acciones». Arrogancia. «El que se enaltece será humillado», escucharía ese día. Como aquel tan creído y vanidoso que cuando había relámpagos decía que Dios había salido a hacerle unas fotos. Soberbia espiritual que a todos nos corteja. Un microcuento mediterráneo:

«La gota dijo al mar:

–No te necesito.

Se fue tierra adentro y, al instante, desapareció evaporada».

Esta escena en la calle me recordó a mis padres cuando era chico: «Yo y Sofía...», iba contando la niña. La madre la corregía: «Sofía y yo». El burro delante, para que no se espante. Woody Allen con su finura cómica: «La obsesión con uno mismo, esa traicionera pérdida de tiempo». El novio en la boda, el niño en el bautizo y el muerto en el entierro. Con tal de ser el centro neurálgico, cualquier cosa.

Cuidado con *egordar* y te lleguen a decir que «últimamente has *egordado* un poco» y el *ego* te salga hasta por las orejas como a aquel fariseo. Todo en su vida apunta hacia él y su pedestal. Puede convertirse en el cuervo que se queda sin almuerzo. Así lo narra el eremita ruso y santo ortodoxo Teófanes el Recluso: «El alma que tiene una alta opinión de sí misma se asemeja al cuervo de la fábula, que escucha las alabanzas del zorro y, para mostrar su bella voz, deja caer el queso». El ego reclama atención, poner a los demás a su alrededor. Culto a la personalidad. Con gente a tu lado que se dedique a masajear tu vanidad. Que te erijan estatuas. Hay que distinguir lo que llena el espíritu de lo que llena el ego. Aunque parezca increíble, incluso nuestra oración y actos religiosos (como dar un retiro, participar en una procesión...) o gestos de servicio y solidaridad con el hermano, pueden estar agrandando nuestro orgulloso ego en vez de dar gloria a Dios. Mejor colgarse las medallas y los éxitos agradecidamente en el silencio del alma que en el pecho a la vista de todos.

Estaba terminando Magisterio cuando, como tantas veces, me acerqué a la parroquia san Manuel González de Mijas Costa. Allí estaba *el Míster*, apodado así cariñosamente en sus años de seminario menor. Dejó lo que tenía entre manos y me atendió. Lo primero es la persona. Desde que lo conozco lo ha tenido claro. Llevaba conmigo una *determinada determinación*. Era yo un joven muy dinámico, encargado de animar convivencias, responsable de grupos de adolescentes. El típico que está en el candelero con la guitarra alegrando a la peña. Estaba comprometido en distintos frentes y era como un jarrillo de lata, que servía para casi todo. Un día sentí que todo eso se venía abajo. Pues bien, allí me presenté y le dije al bueno de mi acompañante espiritual: «Voy a dejar de tocar la guitarra». Aunque nunca he sido un virtuoso, siempre venía bien alguien que tocara en los grupos y en las eucaristías. «No quiero ser el centro de atención nunca más», le comenté. Él, con tono pausado, me hizo una reflexión parecida a la que sigue. No recuerdo exactamente sus palabras concretas, sí el contenido, que fue muy importante para mí en aquel momento.

«El problema no es la guitarra. Eso es un don que Dios te ha dado y que no puedes esconder debajo del celemín. El problema no está fuera, sino dentro de ti. Has de aprender a desaparecer para que el que aparezca, a través de ti, sea él. Quítate importancia y deja que él actúe. ¡Ya quisiera yo poder tocar la guitarra y animar los encuentros! Pero no tengo ese talento. Tú, que lo tienes, ponlo al servicio de la comunidad. Lo que has recibido, dalo gratis porque no es tuyo, sino que se te ha dado para compartirlo como fiel administrador. Dale gracias a Dios por lo que has recibido. La verdadera humildad consiste en eso. Y cuando recibas aplausos y alabanzas, no te lo creas mucho, que igual que vienen se van».

Y, gracias a Dios, le escuché y decidí que seguiría haciendo ese servicio musical, pero de otro modo: sin focalizarme en mí, sino en él. Si no le hubiera hecho caso, ¡cuántos cantos se hubieran quedado en el zurrón ocultos sin ver la luz! Con el tiempo me he dado cuenta que uno puede estar en el centro (durante la eucaristía, un *comparcierto*, una charla, un retiro) y experimentar que quien lo ocupa verdaderamente es Dios.

Como la luna que refleja una luz que no es suya, sino del sol. Y lo opuesto. Puedes estar muy escondido en la sombra y solo desear y envidiar fama, prestigio y reconocimiento.

Falsa modestia. Como la de aquel cura que invitaron a dar un retiro en un convento de clausura. Comenzó expresando que no se sentía digno, que poco podía aportar a mujeres tan llenas de santidad y experiencia, que... Hasta que una de las religiosas más ancianas le zampó graciosamente: «Usted diga lo que ha preparado lo mejor que sepa y pueda... que Dios luego nos dirá a cada una lo que le entre en gana. Así que tranquilo».

No es una humillación decir no lo sé. Aprender a decir *pasapalabra* es muy sano. Cuando estaba en la serranía de Ronda, enviaron de pastoral a dos seminaristas los fines de semana. Terminada la jornada, en ocasiones jugábamos a unas cartas con preguntas sobre personajes de la Biblia y algunos nombres ni nos sonaban. ¡Cómo nos reíamos! Parece que tenemos que saberlo todo. Quien comienza diciendo «en mi humilde y sencilla opinión...», ya se sabe que ni es humilde ni es sencilla. Humildad ficticia. Y luego están aquellos que para hacer una pregunta dan una conferencia y así mostrar cuánto saben del tema. Cuando hablan bien de mí, me suelo cortar y ponerme *colorao*. Mi método es decir «¡extiéndase... siga, siga!», se ríen y se interrumpen los halagos. Y yo vuelvo a mi color normal. No sé quién contaba de alguien que había puesto sus títulos en el cuarto de baño para cuando estuviera sentado en la taza del inodoro mofarse y bajarse los humos.

Cuando estudiaba Magisterio, la profesora de Pedagogía recomendó un libro para lectura personal. Lo encontré en una librería de segunda mano. El librito ha estado conmigo más de treinta años. Siempre encontraba algo mejor que leer. Es un clásico llamado *Diario de un profesor novato* de Michel Barlow. Con un lenguaje que hoy llamarían *vintage* aconsejo su lectura a quienes se dedican a la enseñanza. Me encontré este párrafo sobre la humildad:

«La humildad en manera alguna puede consistir en convencerse de la propia abyección. La humildad es el sentimiento conjunto de las propias riquezas y las propias limitaciones, la alegre esperanza de la tarea realizable. La humildad es la virtud de la tierra, la virtud del humus. Ser humilde no consiste en doblar la espalda y mirar al suelo, sino en adoptar las virtudes de la tierra, que es dulce, fiel y generosa. La humildad es la fe de la tierra en todas las semillas que cobija en sus entrañas. Es la conciencia de las riquezas que hay que hacer fructificar... es la alegría de participar en la aventura humana. No se es el propietario, sino solo el jardinero de los talentos».

Y antes cita a Simone Weil: «educar a alguien consiste, en primer lugar, en hacer que confíe en sí mismo».

El publicano no sabe dónde mirar para sanar sus grietas y debilidades. Presenta su fragilidad, su inoperancia, su existencia fallida. No se atreve a levantar la mirada. Pecador público que explota, estafa y vive a costa de su propio pueblo. Estaría ya cansado, harto de solo tener dinero. Necesitaba reconciliación. Desde su nada, desnudez y poquedad, de repente, le nace una oración sincera en lo hondo de su desolación. Y ocurre el milagro. Abrazado y perdonado. Uno se fue vacío; el otro se marchó reconciliado. La verdad de las pocas palabras de la oración del publicano contrasta con la retahíla teatral salida de los labios del fariseo. El más pobre del mundo, sin derechos que exigir a Dios ni méritos que presentar, indigno. Su única salvación: la misericordia de Dios. Descalcez absoluta. Al fondo del templo frente al erguimiento del fariseo en primera fila. El fariseo tan grande y enseñoreado de sí no puede encontrarse con Dios que se ha hecho pequeñito para caber en el corazón de aquel publicano.

¿Buena gente, mala gente? No siempre la percepción de Dios coincide con nuestra percepción. Aquel fariseo ciertamente era considerado a los ojos de la multitud una figura respetable, buena y ortodoxamente ejemplar en el cumplimiento de los preceptos religiosos. No se saltaba ni uno. Socialmente, alguien relevante y a quien imitar. En cambio, el recaudador de impuestos, persona *non grata*. Reputación ganada por sacarle los cuartos a los propios paisanos para dárselo al imperio romano. Ya no le merecía la pena la recompensa de tener una vida más holgada, cómoda y fácil, sin estrecheces. Dios hace que la escena termine dando un vuelco como en esas películas en las que el malo, al final, es el bueno y el bueno resulta ser el malo. Uno salió perdonado, salvado, sanado; el otro, lleno con su listado de buenas obras, pero vacío de Dios.

«No es humilde quien piensa de sí mismo que es poca cosa, sino quien piensa poco en sí mismo», afirmaba C. S. Lewis. La humildad del papa bávaro al renunciar en 2013 es un faro y acicate para discernir cuándo echarnos a un lado y dejar a Dios que siga haciendo su obra a través de otros en el mismo puesto que ocupamos. Desapego de nuestro sillón. Desasimiento. Para eso hace falta mucha libertad interior. Y valor para dar el salto.

Dios no necesita ruido ni alharacas para hacerse presente. Su firma es la humildad. Un borriquillo para entrar en Jerusalén: ¡Hosanna! ¡Bendito el que viene en el nombre del Señor! Llega en la humildad de un pollino. Cabalga la Paz desarmada, sin guardias ni escoltas. Benditos con él quienes aman hasta el extremo, se dan sin reservarse y perdonan de corazón.

Quiero ser, Señor:
El primero en pedir perdón.
El último en guardar rencor.

El primero en lavar los pies.
El último en ser servido.
El primero en contagiar esperanza.
El último en desanimar a los demás.
El primero en los últimos puestos.
El último en los primeros puestos.
Destróname de mi autosuficiencia
y ponte tú en el trono de mi vida.
Bájame los humos y soberbia
con tu humildad encarnada.
Vacíame de mi ego
y ocupa tú el centro.
Hazme humilde como la cera
que se funde en la vela
para dar luz y claridad
mientras se consume lentamente.

¡Nos rezamos!
Lc 18,9-14

24
Alfombras egipcias

Cristianismo de diseño. Dícese de aquel en el que se suprimen aquellas páginas del Evangelio que pueden incordiar, perturbar la paz, incomodar el estilo de vida, presentando fundamentalmente las más atractivas con la sensibilidad general de la época en que se está inmerso. Ejemplo. Bajo las actuales corrientes de *autoayuda light* le dirían al pobre Lázaro: «Adáptate, sé resiliente, todo va a cambiar, depende de ti». Una losa más que se le pone encima. Estrategia perfecta para culpar al individuo sin tocar el sistema, que sale de rositas. No interesan las raíces y estructuras que están detrás de los *lázaros* –personas y pueblos enteros– de nuestro tiempo.

Está apareciendo una nueva clase social en Europa y países ricos que está sustituyendo a la clase media. El *precariado*, la llaman los sociólogos. Cada vez más individuos y familias viven en *precarias* condiciones. Siempre me viene la pregunta cuando voy a comprar comida, cómo un hogar con seis miembros subsiste con setecientos euros al mes. En el resto de países, ya ni hablemos. Pobreza creciente. Si algo he aprendido de los últimos en los distintos lugares de misión en que he estado es que cuando no se tiene nada, se valora todo y se comparte mucho. Cuando sobra de todo, no se suele valorar nada y se comparte muy poco. Cuestión de actitud. Como en la comida de la primera comunión del nieto de la marquesa en *Los santos inocentes*. Los pobres campesinos cantando y bailando celebrándolo felices al aire libre; en cambio, los ricos, serios y callados como en un velatorio sentados en una mesa repleta de manjares dentro del señorón cortijo.

¿No será que la discriminación, el racismo, la falta de respeto a otras culturas, tienen más bien su germen en el quevedista *poderoso caballero don Dinero*? Futbolistas africanos, jeques árabes, artistas y cantantes latinoamericanos, no tienen que batirse en duelo con las olas como quienes vienen buscando escapar de la extrema miseria. Nadie los insulta, ni son ilegales. Nadie se marcha por gusto de su tierra, de su parentela, para pasar por tantas calamidades y crueldad. Me contaba un joven de Ghana que, en la patera que tomó en Mauritania hacia las Islas Canarias, dos de sus compañeros de viaje murieron congelados aquella noche en plena travesía. Y enumeraba los ultrajes, abusos y violencias recibidos desde que salió de su hogar, infligidos por las mafias. Sumido en un completo desamparo. Esa sensación de que donde estás, sobras. De ser invisible por tu pobreza o demasiado visible por la tez de tu piel.

Me produce un gran dolor que mientras nuestros chiquillos se preguntan qué harán cuando sean mayores, una ingente cantidad de niños en el mundo se preguntan si llegarán a mayores… o a mañana. Decía Ortega y Gasset: «La justicia en España es como una tela de araña: atrapa a las moscas, pero deja pasar a los elefantes». Los elefantes siguen libres comerciando con personas, mientras estas van cayendo como moscas. Terrible realidad amparada por quienes gobiernan las naciones. Mientras unos huían de la guerra de Ucrania, otros se frotaban las manos imaginando el dinero que iban a ganar con la venta de armamento. Se nos ha vuelto pétreo el corazón. La India consigue llegar al polo sur de la luna, pero no consigue llegar más cerca, a sus calles y gentes. Contradicción tantas veces vista.

Preferimos no mirar o, como mucho, mirar para otro lado. Cerramos los oídos a los náufragos de nuestra sociedad, no solo a los de lejos, también a los más cercanos. Bien alto y visible levantamos el cartel de «no molestar». Arreglar el mundo es una tarea demasiado grande para uno. Excusa perfecta para no enfangarse en los barros que están a nuestro alcance. Cuando hay una noticia que nos inquieta, qué buena invención es el mando y hacer *zapping*. Además, qué mala suerte que habitualmente nos ponen las imágenes desagradables cuando estamos comiendo. Andamos bien vacunados e inmunizados de este otro virus que mantiene confinada a una gran parte de la población mundial en la miseria.

Sin rubor pasamos de ver el hambre a ver la sección de deportes o un concurso de entretenimiento. Si fueran nuestros hijos o sobrinos, padres, amigos… la cosa cambiaría. Si cambia la mirada y la conciencia, cambiaremos la realidad porque habremos cambiado nosotros. ¿Cómo nos situamos: *de lado* o *al lado* de los que lo están pasando canutas? Podemos tirarnos toda la vida cuidando nuestro jardín, ajenos a lo que sucede más allá de nuestra tapia. A veces yo también me vengo abajo por la impotencia ante tanta desigualdad e injusticia. Vamos a juntarnos cuantos más mejor. Están en juego nuestros hermanos y, en ellos, nuestro Dios.

Norte y Sur. Un principio básico: *Pensar globalmente; actuar localmente.* Pendientes de los dramas mundiales, se nos pasan por alto los dramas aledaños. Es verdad, pero ¿en qué medida estoy colaborando para que se estreche la distancia entre el *Norte Epulón* y el *Sur Lázaro*? En cada uno de nosotros existe un Norte insolidario que se cierra al grito que resuena del Sur. Estamos sin norte, *ennortaos*, sin la aguja de bitácora de las bienaventuranzas. El Norte, desde que dejó de mirar con ojos de hermano al Sur, perdió el norte. Ya solo lo mira con ojos de depredador, en cuanto le sirve como mano de obra barata, recursos que explotar o pueblo que estrujar y endeudar.

Me regalaron una camisa. Prenda fabricada en Bangladesh. Mi mente viajó a mi primera peregrinación a Tierra Santa que incluía dos días en Egipto. En El Cairo nos llevaron a una fábrica de alfombras. Nos mostraron con mucho orgullo, como si fuera la joya de la corona, una sección. Niños menores de siete años hacían unas alfombras especiales cuyos nudos solo podían hacerse con dedos pequeños. Tenía yo veintidós años. No he olvidado sus tristes miradas.

Hay un salmo que siempre me ha gustado. Une la alabanza con el servicio a los pobres. Comienza «Alaba alma mía al Señor. Alabaré al Señor mientras viva» y te imaginas que va a ser todo mirar al cielo. Pero no. Inmediatamente, Dios empieza a mirar al suelo. Justicia a los oprimidos. Pan a los hambrientos. Libertad a los cautivos. Sustento del huérfano y la viuda. Lo que Dios ha unido, que no lo separe el hombre. Solamente pueden alabar a Dios los que invitan al banquete de la propia mesa.

Dos hombres tan cerca y tan lejos. Es el pecado de la invisibilidad. No dice que hiciera nada malo al pobre, sino que, encerrado en su mansión, banqueteaba sin mirar a unos metros de su fiesta. Vive su presente sin ningún sentido solidario. Existe únicamente él y sus circunstancias. Ombliguismo. Encorvado en sí mismo. La riqueza ciega. Como decía el papa san León Magno: «La devoción que más agrada a Dios es la de preocuparse de sus pobres». ¡La devoción! Habrá que revisar tantas *seudodevociones* alienantes. ¡Se comparte cada cosa por WhatsApp y demás redes! Porque contenga una imagen religiosa –una virgen, un santo– ¡cuidado! No quiere decir que el mensaje concuerde con las enseñanzas de Jesús.

En las llagas de los hermanos encontramos a Cristo resucitado. «Si no logras encontrar a Cristo en el mendigo a las puertas de la iglesia, no lo encontrarás en el cáliz», afirmará san Juan Crisóstomo. De esto se habla bien poco en nuestras catequesis y homilías. Los pobres también invisibilizados y enmudecidos entre nosotros. Bajo los harapos hay un hermano... y, además, el mismo Cristo. «Una religión de misa dominical, pero de semanas injustas no gusta al Señor», san Óscar Romero *dixit*.

Lázaro murió antes de tiempo. El único médico, aquellos perros que lamían sus heridas. Después murió el rico. Con médicos, atenciones, un buen funeral y rodeado de multitudes. En aquella época se pensaba que cuando alguien moría, bajaba al *sheol*. El lugar tenía dos zonas: el *hades*, parte inferior de castigo donde acababan los injustos, y la parte superior –el seno de Abrahán– donde los ángeles conducían a los justos. Ahí esperarían separados y sin poder cruzar fronteras hasta el día del juicio definitivo. Aquel que gastó sus días rodeado de suculentos manjares aderezados de vinos selectos y licores suspira ahora por una gota de agua imposible.

El creso tenía cinco hermanos, es decir, eran seis en la familia. Sabemos que, en la Biblia, el seis es un número incompleto. ¿Qué necesitaba para ser una familia perfecta? Ser siete, número bíblico que representa la compleción y la perfección. Sentar a su mesa al hermano que faltaba. Lázaro. Mientras no nos acerquemos a los pobres que están a las puertas, nuestra vida será incompleta. Hermanos nuestros. El rostro del Crucificado y cuerpo de Cristo.

¿Y si la historia hubiera sido como a continuación te la cuento? Una noche un rico, mientras dormía, tuvo un sueño. Se encontraba en un lugar oscuro, lleno de gritos, lágrimas y ausencia de felicidad. De pronto, miró hacia arriba y reconoció la silueta de un pobre mendigo que saltaba de felicidad y alegría, y todos los que estaban con él tenían una sonrisa eterna en sus rostros. El rico empezó a gritar pidiéndole ayuda, pero la distancia era tan grande que no podía llegar su voz a los oídos del pobre. Sudando, se despertó repentinamente con zozobra... y se quedó pensando en el significado de su pesadilla. ¿De qué te sirve ser el más rico del cementerio? De repente recordó que a su puerta dormía un pobre hombre con hambre y lleno de heridas. Se dijo que se parecía mucho al que había visto en sueños. Se acercó al portal. Lo invitó a entrar y le preguntó por su nombre. Llamó al médico para que lo curara y le dijo a la sirvienta que le preparara una buena comida. Después de unas semanas, ya casi recuperado, lo invitó a quedarse con él en su mansión como personal de mantenimiento de la casa y el jardín. El rico descubrió entonces que la alegría comenzaba a sonreír en su corazón fruto de la misericordia y la compasión. Desde entonces, comenzó a compartir y promover la justicia. El rico se hizo cada vez más pobre, pero se sentía cada vez más rico porque vivía feliz haciendo felices a los demás. Y como Lázaro era resultón, una de las hijas terminó enamorándose de él y se casaron.

Necesitamos al otro y, especialmente, al pobre para encontrar nuestra propia verdad. Y como cantaba Silvio Rodríguez y grabamos en unas sudaderas que se vendían en la parroquia para recaudar fondos: «El tiempo está a favor de los pequeños, de los olvidados». Porque nosotros podremos olvidarlos, pero Dios jamás.

Los *lázaros* de hoy siguen esperando
a la puerta de nuestra casa.
Es necesario pasar
de la indiferencia al compromiso,
de la ceguera a la mirada atenta,
del narcisismo al cuidado ajeno,
de la insensibilidad a la empatía,

del acaparamiento al compartir,
de la inacción al movimiento,
de la invisibilidad a la visión,
de la pobreza a la justicia,
del descarte a la inclusión,
del silencio a la denuncia profética,
del aislamiento a la comunión,
del yo al nosotros.

¡Nos rezamos!
Lc 16,19-31 y Sal 146

25

Cortafuegos

A Santiago y Juan les cayó la del pulpo. ¿No nos reciben? Que baje fuego del cielo y los extermine. Solucionado. Vía rápida con aquellos samaritanos indeseables. Todavía estaban muy verdes en la catequesis que aquel joven les iba dando por los caminos. La escena se repite en la sociedad y hasta en la propia Iglesia. Quien no esté de acuerdo con mi visión ¡a la hoguera! Una cosa es la religión y otra las interpretaciones fanáticas y violentas de la misma. Dios es Paz. Se solía repetir en la comunidad Pueblo de Dios: «Que no nos echen a pelear entre nosotros».

Estamos llegando a cotas inusuales. Parece que quien más grita o más alza la voz, independientemente de los argumentos esgrimidos, tiene más razón. No es así. Lo único que demuestra es que chilla más. Se está normalizando la violencia verbal, traducida en insultos, descalificaciones, etiquetas. Linchamientos, junto con una cultura de la cancelación que se va imponiendo. Nos despedazamos unos a otros. Difama, que algo queda. Uno de los mayores *hatings* en la historia de la música fue con Chanel en Eurovisión. Lo que tuvo que aguantar la pobre chiquilla. Incluso políticos quisieron llevar el tema al Congreso —así estamos con las prioridades gubernamentales estos últimos tiempos—. La cantante, tras el éxito en un festival que es cada año menos de música y más de espectáculo, calló muchas bocas... que no pidieron disculpas.

De lo que rebosa el corazón habla también lo que publicamos y compartimos en nuestras redes sociales. Dejo aparte los activistas radicales ideologizados de un lado o de otro. Hay quien se levanta, se pone el traje de francotirador, se mete en X y comienza la caza. Ve por todas partes herejes que tendrían que salirse de la Iglesia. Y ganas no te faltan al escuchar algunas de las barbaridades que se dicen y escriben. Pero la Iglesia es mucho más que ellos. Depredadores que necesitan carnaza para tapar sus propias preguntas. Hacen daño, extienden la violencia con sus discursos xenófobos, homófobos, excluyentes, anatematizadores, llenos de odio y vacíos de compasión... y lo peor es que algunos lo hacen en nombre de no sé qué dios. Mi duda. ¿Se confiesan de esto? Hay un *youtuber* que termina sus videos diciendo irónicamente: «Podéis suscribiros o dejar vuestro insulto aquí abajo».

Hay algo que parece conectar con una zona recóndita que está agazapada cual toro bramando por salir al ruedo. Hay gente que no tiene problema en ir dejando detrás de sí regueros de palabras malsonantes, gestos maleducados y subidos de tono. Los que nos controlamos un poco –no siempre lo conseguimos– encontramos otros medios para rebajar la tensión. Recuerdo en mi etapa londinense que, con mi compañero alicantino, nos hacíamos unas peleas de almohadas. Terminábamos agotados, pero sonrientes y vivos. No nos dábamos cuenta. Desahogábamos toda la presión acumulada por los estudios. Muchos métodos hay para descargar adrenalina. Desde la risoterapia al boxeo, desde gritar a la pared hasta reventarse a correr. Para los más tranquilos, desde orar, pasear, hacer ejercicios respiratorios inspirando y expirando con conciencia. Cada cual puede encontrar su propia estrategia, menos la de pagarla con los demás.

Te invito a ir en este momento a Google y escribir *Trans-ferencia de ira* de Richard Sargent. Es una ilustración magistral en cuatro escenas: el jefe explota con su empleado, el empleado revienta con su esposa al llegar a casa, la esposa la paga con su hijo y el niño pequeño traspasa toda su ira al gato. Como la vida misma. Nos puede ocurrir sin que nos demos cuenta. ¡Atentos con la ira que recibimos y la que propagamos! Nos convertimos en juguetes en manos de nuestra ira, decepción, envidia... y siempre hay algún infeliz a quien le pilla tu acaloramiento por medio. Como los coches choques de la feria. Cuando no te lo esperas, te golpean por el lado o la espalda. Como aquella señora que cada vez que su santo le fallaba, lo castigaba poniendo la estampa boca abajo o dándole la vuelta a la imagen en su mesita de noche. Ira proyectada.

Gente que está en guerra con todo y con todos, que cree que su dolor se elimina infligiendo dolor. Al contrario. La propia herida se hace más profunda. Bien remarcaba san Ambrosio: «Nadie se cura a sí mismo hiriendo a otros». La agresividad que se ejerce sobre otros suele ser proporcional a la insatisfacción que uno vive por dentro.

Hace falta más música en la tierra.
Gente que transforme las armas
en arpas, timbales y guitarras,
que llene las tristezas y soledades
con canciones de amor y esperanza,
que deje huélligas de ternura en las arenas,
que haga galopar al viento
sus silencios, acordes y versos
para que en medio de las violencias
encuentren respiro, paz y sosiego.

Observarnos cuando tenemos episodios de esta índole puede iluminar esa sombra que andaba oculta. Luz para esas reacciones en las que nos preguntamos «pero, ¿qué me pasa? ¡Si yo no soy así!». Pocas películas me han producido tanta disparidad de emociones. Llegas a identificarte con los *malos* en sus brotes de cólera. *Relatos salvajes*. La cinta argentina expone seis historias en cortos independientes entre sí, que tienen en común cómo gestiona el ser humano la agresividad y la ira en determinadas circunstancias. Cuando la grúa municipal te retira el coche y la señal en el cemento está tan desgastada que no se percibe. Cuando alguien se desahoga al volante con otro conductor. Cuando durante el convite de tu boda descubres que tu recién esposo te fue infiel con una de las invitadas. Todos somos personas de paz... hasta qué fácilmente perdemos los nervios y la educación en lugares tan comunes como las colas donde nos toca esperar turno. Aunque hay escenas desagradables, se usa en cinefórums con adultos para hablar de la ira, la venganza, la falta de control y sus consecuencias. Si todo el mundo diera rienda suelta a estas emociones, no se podría vivir. Estaríamos perdidos.

Fui testigo de algo parecido. Un joven pitó a otro coche en un semáforo. El pitado salió como un energúmeno. Un tipo cuadrado de casi dos metros. Empezó a pegar puñetazos como un poseso en la puerta del otro coche. Su novia gritándole que lo dejara y él, completamente endemoniado, dando puñetazos. Coche abollado. Pánico. Yo deseando que se pusiera en verde. Al final, la novia entre lágrimas salió y logró apaciguarlo. No creo que el otro conductor vuelva a tocar el claxon en su vida. Un cura que estaba en México me comentó que dormía con una pistola debajo de la almohada. Le pregunté si la utilizaría llegado el caso. «No, pero me da seguridad».

A menudo dan ganas de mandar a alguien a freír espárragos, y te retienes por modales. Realmente irritante cuando alguien llega, se planta ante ti y te suelta que «como eres cura

–o cristiano– tienes que actuar así o *asao*». Ejemplo. La típica madre de un niño de catequesis que no ha aparecido en el curso por las reuniones y empieza a formarla con sus derechos. Lo único que le importa es que su hijo haga la primera comunión y punto pelota. Si eres catequista, tienes el cielo ganado. Cómo me gustaría soltar sapos y culebras con la soltura que tienen algunas personas, pero no. Soy lo que soy y a sufrirlo por dentro toca..., aunque alguna vez me haya podido exceder.

Solución. Ante los fuegos, cortafuegos. Agua fría a esos pensamientos. Calma, tragar saliva antes y, si es necesario, contar hasta cien. Ante las ofensas, los gritos, la venganza, plantar soberanía de nuestra libertad. El disfrute de la venganza dura muy poco; su amargura permanece. Seguir por ese sendero nos encamina a una mayor insatisfacción, a más guerras internas y externas, a más problemas. Es como tirar piedras a un nido de avispas. De poco avispados. Se precisan con premura *personas cortafuegos*.

A veces es cuestión de si merece la pena avanzar en esa batalla o no es más que un detalle menor que en poco tiempo ni me voy a acordar. La venganza pide invariablemente más sangre y trae menos paz. Lo pigmenta todo de tonos oscuros. Hermann Hesse lo tenía claro: «Lo blando es más fuerte que lo duro; el agua es más fuerte que la roca, el amor es más fuerte que la violencia». Y Bertrand Russell hablaba de distinguir: «"El tigre, el león y la pantera son animales inofensivos; en cambio, las gallinas, los gansos y los patos son animales altamente peligrosos", decía una lombriz a sus hijos». Saber discernir las contiendas es ya un avance.

Digresión. La agresividad que recibe una mujer a lo largo de su existencia es incuestionablemente mayor que la que recibe un hombre. La igualdad real está un poco más cerca entre nosotros, pero si miras países como Afganistán, ves que el camino por andar es aún largo y angosto. Hombres –y cada vez más jovencitos– que en manada se juntan para molestar, agredir, abusar y violar. Cobardía extrema. «A tu mujer no la golpees ni con una flor», versa un proverbio hindú... y a las demás, tampoco. Todo empieza en casa. El respeto, la delicadeza en el trato, la educación en la igualdad, el reparto de tareas domésticas. Con el melón de la presencia y participación de la mujer la Iglesia se está jugando mucho. Me gusta recordar que la primera palabra que el Evangelio pone en boca del Resucitado es «mujer». A unos, los pasitos que se están dando les parece casi herejía; a otros, entre los que me incluyo, nos parecen muy muy cortos, aunque esperanzadores.

Momento de oración. *Los hijos del reino.* Extiende, Señor, tu reino entre nosotros. Muchos se opusieron; otros se enamoraron perdidamente. Los hijos del reino son los que iluminan, aunque traten de apagar su luz. Los que se unen para defender los derechos de los últimos, aunque sean tildados de comunistas. Los que luchan por la vida desde el principio hasta el final, aunque los etiqueten de antiprogresistas. Los que ofrecen sus bienes a los pobres, aunque les digan «no seas tonto, piensa en ti y en tu familia». Los que perdonan setenta veces siete y dan agua al enemigo, aunque les repitan que «al enemigo ni agua». Los que se despojan de las armas de la violencia y no devuelven mal por mal, sino que llevan entre sus manos la bandera blanca de la paz. Los que pintan de bonhomía y amor el mundo más allá de la fealdad y malicia aparentes. Los que ponen su tiempo al servicio del otro sin recibir un «gracias» ni reconocimiento. Estos y muchos más son los hijos del reino, trovadores que con su presencia entonan la mejor canción: el Evangelio de la acogida y el perdón.

Y para concluir, el microcuento que titulo: *¿Guerras cristianas?*

«–¿Por qué ha habido tantas guerras a lo largo de los siglos entre los cristianos? –preguntó con interés el joven discípulo.

–Porque él dijo *amaos unos a otros* y nosotros entendimos *armaos unos contra otros* –respondió con sabiduría el maestro».

¡Nos rezamos!
Lc 9,52-56

26
Como el hierro a la herrumbre

Alguien me abrió los ojos en un momento señalado de mi vida. «Esa persona te tiene envidia», me dijo. «No puede ser. Es mi amigo desde hace muchos años». La envidia, en ocasiones, viene de los más cercanos, incluso familiares, amigos y la propia pareja. No me lo podía creer, pero me estaba pasando. Era *envidia cochina*, como vulgarmente se suele decir. Un par de personas, que me quieren y a las que quiero, no se alegraban de lo bonito que me estaba sucediendo.

«La envidia es una declaración de inferioridad», parece que sostuvo Napoleón. El envidioso, al percibir su propia mediocridad, intenta taparla minimizando los frutos y triunfos ajenos. Dice el refrán popular: «Como el hierro a la herrumbre, al hombre la envidia consume». Es curioso. Gente que llega a criticar a familias que se reúnen (abuelos, hijos, nietos, primos) porque no tienen a nadie y envidian lo que otros sí gozan. Celos, sospechas y tirria con los matrimonios felices y familias numerosas. Y es que se envidia lo que no se tiene y se menosprecia, se infravalora esa felicidad sencilla que echan en falta. Una vida normal donde todo es maravillosamente especial.

¿Por qué la comida del otro, cuando estás comiendo en un bar, es más rica que la tuya? ¿Por qué siempre nos parece más verde el jardín del vecino y más emocionante lo que viven los demás? Tres que *envidio*. La gente que sabe música desde pequeño. Mi padre lo intentó conmigo con siete años. Quería que aprendiera el violín, pero desistió cuando le expresé que aquello sonaba como el chirrido de la puerta del patio. La gente que sabe muchos idiomas. Y la más cómica. La gente que ves andando como Pedro por su casa con zapatos recién estrenados sin dolerle los pies.

Hay quien debido a su baja autoestima te necesita sometido. Si no puede someterte, entonces, te estigmatiza cuando siente que su posición y relevancia en un grupo determinado está en peligro. La razón más común: ha aparecido alguien nuevo y más atrayente en su campo de acción. Esa envidia se detecta con facilidad porque suelen recurrir a la crítica sutil, la descalificación o el desprecio irónico. «El que te habla de los defectos de los demás, con los demás hablará de los tuyos», según el ilustrado Denis Diderot.

Siempre que hagas el bien se cruzará alguien que te malinterprete, exponga suspicacias e incluso te critique. No te desanimes. Tú, de todas maneras, sigue haciendo el bien. Magulladuras de los encontronazos de la vida. Mucho aceite para que las cosas que nos digan con mala intención directamente nos resbalen. ¡Adelante y que no te frenen en tus metas y propósitos! ¡Que no saboteen tu alegría! Agoreros en tu camino que insistirán en que tu idea no va a funcionar o envidiosos que te desanimarán e invitarán a que dejes tu proyecto. «Es por tu bien». Piensan que cuanto peor le vaya a quien envidian, mejor les va a ir a ellos. Lo único real es que van destruyendo su propia estima.

Ten cerca personas que se alegren con tus logros y éxitos y les duelan tus fracasos y caídas... y no al revés, que les duelan tus logros y éxitos y se alegren de tus fracasos y caídas. Tenemos miedo de que al compartir nuestra luz nos quedemos sin luz, pero lo que hacemos es amplificarla y redoblarla. Gente que literalmente busca ensuciar tu vida porque no comprenden tus opciones o simplemente les molesta que no hagas lo mismo que hacen ellos. Gente que entorpece cualquier plan y nunca está contenta con nada, poniendo palos en las ruedas de cada iniciativa que surge. Cuidado con quienes se deleitan cuando tropiezas y caes. Es bueno para el alma y la salud mental mantener una cierta distancia.

Nos cuesta mucho agradecer y reconocer los talentos y virtudes de los cercanos. En cambio, vemos con lupa los defectos y fallos. A todos nos gusta ser plato principal y no guarnición. Soñando con la flor que no tenemos, se nos escapa valorar, disfrutar y dar gracias por las muchas que han crecido en nuestros arriates. «Aléjate de la gente que trata de empequeñecer tus ambiciones. La gente pequeña siempre hace eso, pero la gente realmente grande –recuerda Mark Twain– te hace sentir que tú también puedes ser más grande». Otra cosa primordial para no enfermar mentalmente es evitar que la envidia metabolice en odio y rencor.

Hacer diagnósticos es más fácil que dar soluciones. Me gusta la gente que protesta con propuesta. Es más fácil y cómodo hacer y seguir lo que hacen los demás que ser pionero en cualquier ámbito de la existencia. Manos a la obra, dejando atrás quejas estériles.

Según Séneca, «nunca serás feliz si te atormenta que otro lo sea más que tú». ¿Qué habría pasado si el propietario de la viña hubiera empezado a pagar a los primeros y luego a los últimos? Seguramente se habrían largado contentos de recibir lo acordado. No era una queja provocada por la injusticia, sino por la envidia. El propietario cumplió con ellos. No les pagó menos de lo acordado. Les molestó el bien que hizo a los que empuñaron las tijeras de podar y el escardillo horas más tarde.

La envidia se manifiesta en frases como «no es para tanto», «seguro que tiene enchufe», «me ha gustado, pero...». Un signo de que se ha colado en ti es que te recreas cuando algún desempeño le sale mal al envidiado o fracasa en algo de tu propia área de acción. No te la provocan los que consideras inalcanzables ni los que tachas de inferiores a ti. Siempre es con iguales. Si cantas, no envidias a Bruce Springsteen o Loreena McKennitt. Si juegas al fútbol, no envidias a Messi. No son de tu liga. Envidias a la que canta contigo en el coro, a quien juega en tu mismo equipo. El descalabro y la desgracia ajenas se toman como si fuera una victoria propia. Así de patético.

Cuéntale algo bueno que te ha ocurrido a alguien y, según su reacción, sabrás si es tu amigo o no. Los que dudan e interrogan por lo que has conseguido, tratarán de descalificar y subestimar tus conquistas con gestos y palabras. Los mata por dentro que te vaya bonito. Un microcuento que titulo *La flor más linda*:

«–¿Por qué a las personas más lindas les hacen siempre más daño? –preguntaba un joven con lágrimas en los ojos. –Cuando vas a un jardín, tú, ¿qué flor arrancas? –el sabio respondió dejándole pensativo».

Para superar la envidia, lo primero es reconocerla y llamarla por su nombre. ¿Estás continuamente comparándote con tus pares y esa comparación te llena de rabia y desazón? No es fácil admitirlo. Una vez reconocida, empezar a mirar más a tu interior que fuera. La envidia provoca mucha insatisfacción mohína. Seguro que tenemos grandes cualidades y capacidades. Hay que sacarlas de las sombras a la claridad del día. ¿Qué es lo que puedo ofrecer en beneficio del reino?

Celebrar las victorias ajenas como propias es signo de comunión y ausencia de achares. Orar y desearle que le vaya bien a la otra persona y a los suyos. Admirar y motivarte a conseguir lo que ves en el otro y deseas para ti. Sin celotipias. Es habitual en el balonmano que cuando el portero de un equipo hace una parada, el portero suplente se alegra incluso más. Por cierto, nunca me pondría bajo una portería en un partido de balonmano. ¡Qué susto! No hay envidia entre ellos, sino complicidad. Habría que bendecir, celebrar y aplaudir lo bueno que le ocurre a los demás y dejar atrás la envidia, síntoma que refleja nuestro complejo de inferioridad. Atribuyen a J. W. von Goethe este pensamiento: «El hombre más feliz del mundo es aquel que sepa reconocer los méritos de los demás y pueda alegrarse del bien ajeno como si fuera propio».

Otras exégesis de la parábola de fondo de este capítulo. Para algunos las horas del contrato simbolizan las distintas estaciones vitales: primavera, verano, otoño e invierno; o las distintas edades: infancia, adolescencia, juventud, adultez y senectud. Sugerente la interpretación de san Gregorio Magno. La primera hora de la mañana sería el tiempo desde Adán hasta Noé; la hora tercia, desde Noé hasta Abrahán; la hora sexta, desde Abrahán hasta Moisés; la hora nona, desde Moisés hasta la venida del Mesías; por último, la hora undécima, el período desde su venida hasta el fin de los tiempos.

Todos tenemos un *Pelagio* dentro que reclama que, gracias a nuestro propio esfuerzo, el reino de Dios es posible. La gracia vendría a ser un añadido posterior. Frente al Dios del voluntarismo y meritocracia, el Dios de la gratuidad. «¿No puedo hacer lo que quiera con mis bienes? ¿O has de ver con mal ojo que yo sea bueno?». Teresa de Jesús tiene la experiencia de que «Dios es buen pagador». La paga es él mismo. Nada de ciberestafas. Agradecidos de que nos llamara a primera hora de la mañana porque hemos podido disfrutar más largamente el regalo de su amistad y sentir que está enamorado hasta las trancas de cada uno de nosotros.

El acento principal del relato, que retoma la imagen de la viña –símbolo de Israel en la tradición bíblica–, está puesto en la bondad desmesurada –y, por eso, incomprendida– de Dios, que acoge a los últimos en llegar. Cuántas veces aterriza alguien nuevo con muchas ganas y fuerzas en la parroquia o el grupo y los que llevan toda la vida exclaman: «¿¡Quién se ha creído que es este!?». Cuando alguien se sienta a la mesa, los demás se tienen que mover un poco para que haya sitio para todos. Jesús sigue llamando trabajadores a su mies y no a *trabajosos.*

¿Quién puede presentarse con derechos, si todo es por pura gracia? ¿Quién tiene jurisprudencia para pasar el recibo del importe a Dios y pedirle cuentas? El relato es como un tortazo a la lógica de la razón. Choca con los criterios del mundo que a menudo se cuelan en nosotros. «Dios es injusto, poco razonable, ha perdido la chaveta». Dios es abundancia desmedida. Desmesura irracional. No nos paga según nuestros méritos... «ni nos paga según nuestras culpas». Menos mal. Si creyéramos solo en un Dios justo, estaríamos perdidos. Nunca estaremos a la altura. Así que mejor dejar la veeduría en sus manos abundantes de misericordia. Dios es libre y sigue sus propias reglas de juego. Las caras de los dados con los que echa su partida no tienen puntos del uno al seis, sino cada una de las letras de la palabra *bondad.* La letra «d» repetida. De Dios. Su bondad por encima y más allá de las horas de trabajo, que cuentan, por supuesto, pero no son lo concluyente. ¿Cuántas horas de trabajo evangélico vacías de amor y coloreadas de mediocridad? El propietario de la viña da un jornal mucho más fastuoso y espléndido del esperado. La mejor nómina, Cristo mismo. El denario más cuantioso y sin igual.

Carteros de buenas noticias. Con el mejor sueldo. Participar ya de la herencia adelantada del amor más genuino.

Emisarios que comunican la primicia más hermosa. Megáfonos de Dios en todas las plazas y areópagos. Con una certeza. Cada uno tiene su hora, su día, su edad, su propio momento, para ir a la viña y ser parte de la familia más bonita que existe. No insistamos con calzador.

El dueño de la viña sale a todas horas y en todas las edades. Hay trabajo para todos. No se es demasiado joven ni demasiado viejo. Hay encaje para todos en el organigrama del reino. Como si nos lanzara estas palabras: «¿Qué hacéis ahí parados como *ninis*? Mirad las distintas viñas que necesitan de vuestros brazos: el mundo, la ciudad, el pueblo, el barrio, los lugares de estudio, trabajo y ocio, la comunidad, la familia, tú mismo. ¿Quién se atreverá a ofrendarse y gritar decidido: "Envíame, Señor"?».

Envíame, Señor,
como bálsamo en las heridas del hermano
y fragancia de Evangelio derramado.

Envíame, Señor,
como oasis en tierras de desierto
y morada para vidas sin techo.

Envíame, Señor,
como candil en medio de la noche,
como buena noticia para los pobres.

Envíame, Señor,
como hogaza para el hambriento
y agua fresca para el sediento.

Envíame, Señor,
y camina a mi lado
para que mi misión en cada plaza
no sea en vano.

Envíame, Señor,
y dame nuevos hermanos
para que, sin quejas ni envidias,
proclamemos juntos tu reinado.

¡Nos rezamos!
Mt 20,1-16

27

De vinos y mostos

A María le llegó la tarjeta de invitación. Me imagino la conversación. «Niño, ¿tienes algo decente que ponerte?». «¿Y eso, mamá?». «¿Te acuerdas de aquel que tenía el campo allá a la salida del pueblo cerca del río? Pues su primo hermano se casa y nos ha invitado. Más de una vez ha venido por el taller y hemos hecho muy buenas migas. Así que no hagas planes para el fin de semana con tus amigos. Apúntalos también. Va a ir toda la aldea». «Vale, mamá. Es un buen chaval. Lo conocí hace años. A ella no la conozco. Lo único que no me hace gracia es ponerme la túnica de pingüino para el convite. ¿Y dónde es?». «En Caná. Un paseíto».

Tengo alergia a los convites de boda a menos que los comensales que me toquen en la mesa sean familiares, amigos o conocidos. En alguna que otra, me han colocado con gente que no conocía y todo va bien hasta que comienzan las presentaciones. Todos empiezan a comentarte algo para romper el hielo. Que si fui monaguillo, que si conozco a un cura que es de un lugar lejano… Está bien. Lo normal. No así cuando ya el vino ha corrido un poco… Que si los curas deberían casarse, las mujeres ser cura y las riquezas inmensas del Vaticano. *Tritemáticos*. No falla. Y te conviertes en el centro de la conversación. Supongo que al médico le contarán todas sus dolencias y al banquero sus hipotecas y movimientos, y al de los seguros los accidentes de coche y demás percances en carretera. Un consejo. Si os toca con un cura que no conocéis, no le deis la metralla con los mismos temas de siempre. Sed creativos.

Uno de los momentos más entrañables, alegres y festivos de toda peregrinación que se precie a Tierra Santa es la celebración de la renovación del matrimonio en aquella preciosa iglesia de una aldea situada a unos nueve kilómetros de Nazaret llamada Caná. El arroz viene en alguna de las maletas desde España. Y raro es el que no se trae de vuelta una botellita del rico vino del lugar. De Caná era Natanael, uno de sus ilustres hijos, del grupo de los Doce, más conocido como Bartolomé.

Curiosidad espirituosa. Pocos saben que san Arnulfo de Metz es el santo patrón de los cerveceros. Cuenta la tradición que durante una epidemia –de cólera, se cree– exhortaba a no beber agua por posible contaminación y enfermedades. Y ¡aconsejaba! cerveza en lugar de agua. Aquel consejo salvó numerosas vidas… y la cerveza también. Algunos monjes budistas, por su parte, justificaban beber vino, lo cual tienen prohibido, llamándolo «agua de la sabiduría». Acabo de recordar que procedo de Cómpeta, donde familiares por parte de mi madre poseían bodegas de caldos riquísimos.

Caná es memoria de un mundo al que le falta el vino de la alegría porque le falta Jesús ¿Quién llevará y servirá como fiel mayordomo ese vino a los hermanos? Hay una fiesta esperando y un vino –el más aromático de la bodega, el mismo Jesús– dispuesto a ajumarnos. Que terminen de reventar los odres viejos que siguen siendo incapaces de contener el vino nuevo anunciado. Nada de medianías ni tacañerías. Nada de vasos pequeños y chupitos. Botellones, dirían los más jóvenes. Un amor que desborda. Tinajas llenas hasta el borde.

El vino y la risa casan bien. Aquella monja que no sabía nada de vinos y nunca bebía. Al ver la copa vacía tan grande exclamó: «¡Por favor, no me la llene entera!». O aquel de quien decían que tenía más peligro que un cirujano bebido en una operación. O el de aquel otro que habría deseado que le pusieran en el nombre la coletilla «de todos los Santos» para salir todos los días de copas a celebrarlo. Dicen que, tras convertir el agua en vino, Jesús empezó a tener un montón de seguidores más. No sé si es cierto lo que cuenta este apócrifo, pero desde entonces iban mucho más felices y cantarines. Dicen también que llegó a sospechar que alguno de sus discípulos lo seguía únicamente esperando fiesta cada *finde* con milagro líquido incluido. En cierta ocasión que después de misa fui al bar a tomarme algo con el coro, alguien se me acercó y me dijo: «Estoy haciendo lo que has dicho hoy en la homilía sobre embriagarnos del todo». Creo que no se enteró muy bien a qué vino me refería. Y concluyo este párrafo con un conocido refrán: «El que va a un entierro y no bebe vino, el suyo va de camino».

Qué importante es descubrir a Jesús en medio de acontecimientos tan ordinarios como la celebración de una boda. Y seguro que no estaba allí con los ojos vueltos ni haciendo la postura del loto. Compartir la vida del pueblo, ser uno más, sentir suyas las alegrías y desdichas de los demás, hacerse presente en lo más cotidiano, bailes y canciones. Desde entonces, en lo más corriente de nuestra existencia, es posible contemplarlo, tocarlo, verlo bailar, cantar, beber, disfrutar. Durante mucho tiempo el rictus serio y el cuerpo rígido fueron considerados como atributos muy loables del cristiano. Él no ha venido a aguarnos la fiesta, sino a celebrarla a tope. A llenarlo todo del júbilo del vino que emborracha el alma hasta dejarlo colmado de vuelos, locuras y danzas. Viene a llenarnos como a esas cántaras… hasta arriba. Sin roñoserías ni estrecheces. Una marea de sobreabundancia.

Tras muchos años me apetecía ver de nuevo *El nombre de la rosa*. Las grandes películas te aportan algo diferente en nuevos visionados. Me quedo con el diálogo entre fray Guillermo de Baskerville (emulando al Sherlock Holmes de la época) y su joven aprendiz Adso de Melk (asemejando a Watson). Tumbados en los catres de su celda, después de que el jovencito tuviera su primera experiencia amatoria con aquella mujer del vulgo, se produce este diálogo que no tiene desperdicio: «Estás enamorado», afirma fray Guillermo. El joven novicio: «¿Y eso es malo?». A lo que contesta: «Para un fraile eso representa ciertos problemas». Continúa el diálogo que se cierra con un suspiro de aquel franciscano interpretado maravillosamente por Sean Connery: «¡Qué pacífica sería la vida sin amor! ¡Qué segura! ¡Qué tranquila!... ¡Y qué insulsa!». Y un consejo, querido lector, si has visto esta película: de vez en cuando comprueba si al pasar las páginas de este libro, alguno de tus dedos se ha impregnado de tinta.

Seis tinajas. Seis. Las tinajas representan la Ley. Número imperfecto y limitado que no llega a la plenitud. El siete, seis más uno, es el número redondo, perfecto y pleno. El rito judío de purificación era positivo, pero no definitivo. Dejar que el agua se esfume y convertirnos en tinas que hacen espacio a la lluvia vinícola que viene de la bodega con más solera. Y quien se acerque quede también embebido del gusto y olor que desprende la cosecha más exquisita. Calculando seis tinajas por cien litros da seiscientos litros. Si ya se habían bebido lo que tenían en *stock*, ¿a cuántos litros tocó por invitado? Menos mal que las bodas se prolongaban durante varios días y se invitaba a todo el mundo. Allí acabaría más de uno piripi.

Dos sucesos sobre vinolencia. Una noche llamaron a mi puerta unos jóvenes. Una chica del grupo parroquial tenía un coma etílico y no querían decírselo a sus padres. Todavía tengo el susto en el cuerpo. Rápidamente fuimos a urgencias y desde allí llamé a los padres. Venían aterrados. Pude tranquilizarlos. Y, gracias a Dios, no fue a más. En una taberna de uno de los pueblos donde estuve de párroco cuando el bebé de la familia lloraba, tenían la costumbre de darle el chupete mojado en *Anís del mono* para que se calmara. Ya adulto me lo contaba él mismo presa del alcoholismo. «En vez de teta me daban anís y después el salto al alcohol no fue muy difícil».

Desposorios. Alianza. Esa que quiere sellar con cada uno de nosotros. Menos mal que Dios es fiel y nuestra vida se fundamenta en su fidelidad y no en la nuestra. Para eso ha venido, para ser como uva triturada en el lagar y ofrecerse como bebida para quien se ha sentido decepcionado con los vinos que le han dado a probar antes. ¡Qué difícil es hablar hoy de fidelidad y alianza! La cultura invita a las relaciones fugaces. Lo más enfermizo es que se las presenta como el espacio de libertad y felicidad enmascarando la amargura y desdicha que van dejando a su paso.

Recuerdo una pareja que vino a los cursillos prematrimoniales. Llamaba la atención que, ya en las reuniones, se peleaban y enzarzaban verbalmente de una manera bastante hostil. Les aconsejé, cuando me reuní a solas con ellos, que se lo pensaran mejor, que lo dejaran para más adelante, que no había prisa, que iban a poner en juego dos familias conocidas del pueblo... Se enfadaron conmigo por intentar hacerles reconsiderar su opción. Se casaron y durante el viaje de novios, al cuarto día, tuvieron una bronca tal que en el hotel pidieron habitaciones separadas. Una vez de vuelta decidieron romper. Cuatro días de matrimonio. Otro caso similar. «A ver cuánto te dura este», le decía a su hija un desmoralizado padre, que no podía comprender que metiera en casa una pareja cada cierto tiempo a lo largo de los años.

María vivía con plena atención. Para intuir lo que otros necesitan, hacen falta ojos nuevos, mirada limpia y avizora.

Se percata del tumulto entre los camareros y se arrima a ver qué está pasando. Mientras, todos a su avío disfrutando del evento. Ella ve lo que nadie ve porque su corazón de madre universal siempre está alerta para cuidar e interceder. «No tienen vino». Hoy diría no tienen alegría, les falta trabajo, un techo, una escuela digna, un sentido en la vida... Necesitamos su mirada para ver más allá de la epidermis de las cosas. Es urgente hacer nuestra esta parte de la letra del canto *Madre de la humanidad* de Ixcís: «Danos tu mirada, Madre de la humanidad, para que estemos atentos a toda necesidad. No tienen vino, no tienen pan. ¿Quién ofrece su vida, se convierte en vino y pan?».

Dejar a Dios el acceso a nuestra bodega interior sin cortapisas para que desparrame todo el mosto recién estrenado de su amor. Y empapados en él, por medio de estos odres que somos, verternos en las vidas próximas y lejanas. Invitación gratuita a saborear la cata de unos vinos divinos. Hacen falta venenciadores y sumilleres por todas partes para alegrar el mundo con el vino de Dios. Gente que vive emborrachada no de repetir la palabra *vino*, sino de beberlo todos los días. Hasta las trancas de *alcohol*. Beodos de Dios. Como María, embriagada del Espíritu, se adelantó para salvar aquella boda del desastre.

María se percató e intervino:
haced lo que él os diga.
Él comenzó a decir:
Llenad las tinajas.

Y continuó diciendo:
A vino nuevo, odres nuevos.
Misericordia quiero y no sacrificios.
Dadles vosotros de comer.
Amad a vuestros enemigos
y orad por los que os persiguen.

Perdonad setenta veces siete.
No andéis agobiados por el mañana.
Lavaos los pies unos a otros.
Tomad y comed. Tomad y bebed.
Id al mundo entero y anunciad el Evangelio.
No temáis. Yo estoy con vosotros hasta el final.

¡Nos rezamos!
Jn 2,1-11

28

¡Nos rezamos!

No hay método universal. Por ejemplo, esos taburetes a ras de suelo de algunos oratorios. A gente que tiene la rótula como yo nos mata. Andaría más pendiente de la incomodidad y del posible dolor que de la misma oración. Concentración imposible. En cambio, para otros es la postura ideal. Enséñanos a orar. Enséñanos a encontrar nuestra propia manera.

El verdadero maestro de la oración es el Espíritu. Clases individuales con su pedagogía personalizada. Sabe que cada cual ha de encontrar su propio estilo. Lo que sirve a uno quizás sea un obstáculo para otro. Lo que importa es embebecerse en el Misterio, llegar a perderse en su mirada. Orar es dejarse atrapar por el eco de Dios que resuena y está presente en todo lo que ves. Mirarle y dejarse mirar. El *totalmente Otro* quiebra su aparente lontananza para hacerse más íntimo y cercano que uno mismo.

Un joven llegó a un campo de leñadores buscando trabajo. Era robusto y desplegaba energía por todos sus poros. Fue contratado. El primer día cortó muchos árboles. El segundo trabajó tanto como el primero, pero cortó la mitad de leña. El tercer día se planteó mejorar sus resultados. No quería perder el empleo. Para ello golpearía el hacha con más fuerza y determinación en cada árbol. Los resultados, sin embargo, no fueron tan buenos como el día inaugural. Cada vez cortaba menos troncos. Cuando el leñador jefe se dio cuenta de que el rendimiento de aquel joven iba disminuyendo cada día más, le preguntó: «¿Cuándo fue la última vez que afilaste tu hacha?». Respondió: «No he tenido tiempo. He estado demasiado ocupado cortando árboles».

Orar para que el hacha se mantenga afilada. Y la vida también. Hacer un alto es más rentable que trabajar a destajo cuando se deja a un lado lo esencial. No te desgastes saliendo a la contienda diaria sin repasar y aguzar el hacha. Pon tu parte. Ayuda a Dios en ti. Con el mismo empeño de Etty Hillesum: «Voy a ayudarte, mi Dios, para que no te apagues en mí».

Sin Dios nuestro canto solo es ruido molesto. Acudir al Afinador de nuestras cuerdas. Cuando Dios nos templa y afina, la música del Evangelio llega hasta cada anillo del tronco. Traspasa la corteza hasta llegar a la médula, al centro interno del árbol. Porque orar es afinar y disponer el corazón para escuchar las melodías del Gran Músico que canta en nuestro interior, tarareando su ternura en todo.

Sin oración nos quedamos en la superficie, en el umbral de la existencia, en la orilla de la playa. La oración es como la pala que se hunde en la parcela del terruño hasta dar con el manantial. Implica esfuerzo, aunque cuando se coge el ritmo, todo es cavar y cantar. Orar es querer sintonizar nuestros planes con los de Dios. No pedirle que bendiga lo que estamos haciendo, sino agradecer la bendición de llevar a cabo la misión que nos propone. Como Louis Évely afirmaba: «Orar es ponerse a disposición de Dios para que haga en nosotros finalmente lo que desde siempre ha querido hacer, y para lo que nunca le hemos dado ni tiempo, ni ocasión, ni posibilidad».

De mi etapa en Tailandia me llamó la atención que muchos hombres a los veinte años deciden entrar durante algún tiempo en un monasterio budista. Antes, entre nosotros, era obligatorio el servicio militar. No estaría mal que todos pasáramos por una experiencia de *servicio meditativo* de oración y silencio una vez en la vida. O, al menos, que en la escuela se iniciaran talleres de espiritualidad y silencio para ayudar a los niños a ir conociendo su mundo interior y descubriendo sus posibilidades de desarrollo en los niveles íntimos del ser... sin olvidar que todo empieza en casa, en la familia. Una sociedad que descubre la necesidad de crecimiento espiritual y la fomenta desde los más tiernos años, ayudaría a solventar muchas disfunciones posteriores en los ciudadanos de a pie.

El Mar nunca cansa. Orar es adentrarse en las profundidades de los mares de Dios y sumergirse en sus aguas hasta quedar bañado de su presencia viva. Orar es dejar a Dios amanecer en ti. Dejar que los rayos de su amor atraviesen nuestras puertas y ventanas y quedar inundados por su claridad hasta despertar abrazados en él. Orar es dejarte enamorar por el Sol que nace de lo alto e invitarle a colarse por cada rendija de tu corazón.

La oración es el mejor nutriente. Cuando dejamos de orar, se va desfigurando el rostro de Dios en nosotros. Vamos relegando el amor primero. Por eso decía el gran teólogo Juan Martín Velasco que «no orar no es un pecado, es una desgracia». Salimos perdiendo.

Orar es confiar en Dios sin exigir garantías, abandonar todas tus cartas y apostar todo lo que tienes sobre la mesa por la jugada de Dios. Orar es dejar todas las certezas en el puerto que queda atrás, excepto la certeza de que él es quien navega contigo. Es dar acceso a Dios. Desbloquearlo. Ofrecerle la llave secreta de tu tálamo. Desprenderte de todo para llenarte del Todo, vaciarte para que él sea el *okupa* de cada habitación y estancia de tu castillo interior.

La oración se dirige a Dios, pero nos lanza siempre a los hermanos. El camino que más conduce a él junto a la oración es el servicio. Perfecta pareja de baile. Regantes que hacen florecer la tierra interior. El tiempo dedicado a la oración no es la excusa perfecta para desentendernos de la realidad, sino el lugar desde el cual somos enviados para transformarla. Orar no es huida, sino el empujón para hacernos cargo de nuestra partecita del mundo con espíritu renovado. Quien va a la oración para escapar de su compromiso, se equivoca de lugar. Dios, como si fuera un frontón de tenis, te devuelve con más fuerza e ímpetu a la pista de juego de la humanidad para convertirla en campo de paz. Nuestra oración inspira nuestra acción y nuestra acción nos transforma en contemplación. Santa Clara de Asís las une y complementa sin separación: «Las manos que rezan sostienen a las manos que trabajan».

La oración no es una ciencia exacta. Hay quien la entiende como algo que puede cambiar las circunstancias externas y los acontecimientos naturales. Pero estás enfermo y los días pasan sin mejorar. Tienes miles de historias sin resolver y las historias siguen ahí sin moverse por muchas oraciones y rosarios que reces. Y es que hay que saber que en la mayoría de los casos nada externo cambia. Sin embargo, lo cambia todo porque te cambia a ti. Cambia la manera de afrontar esos días con sus heridas, dolores y lágrimas. Por eso, la oración no cambia nada, pero lo cambia todo. Qué razón la de Julien Green al escribir: «El objetivo de la oración no es conseguir lo que hemos pedido, sino hacernos distintos».

Te doy gracias, Señor,
porque eres bueno conmigo,
porque no siempre que pedí, busqué y llamé
sucedió como yo esperaba.

Gracias por todas esas cosas que pedí
y no me fueron dadas,
pero llegaron disfrazadas de otros modos.

Gracias por cuantas veces no te encontré.
Alentabas mis búsquedas,
me animabas a salir
de mis falsas certezas y seguridades,
a seguir con los ojos abiertos
para descubrirte donde menos pensaba.

Gracias por cuantas veces
se me cerraron puertas.
Siempre abriste alguna ventana
por donde entró la luz de tu esperanza.

Solo pido tu Espíritu.
Solo busco tu voluntad.
Solo quiero responder a tu llamada al amor.

Gracias, Señor, por cambiar mis planes.
Los tuyos fueron siempre mejores que los míos.

Cuidar y cuidarse. «Mi cuerpo es mi arma. Por eso lo cuido tanto», respondía Cristiano Ronaldo en una entrevista. Cuidar el músculo de la oración para que esté en forma todo el cuerpo. Cuanto más se ejercita este músculo, más liviano y atlético se siente uno. Qué necesario es estar y acompañar, aunque no se pueda hacer mucho más. Es triste cuando una madre pudo cuidar diez hijos, pero diez hijos no pueden cuidar a una madre ya anciana. En un tuit una enfermera: «Hoy he intubado a un hombre de setenta años que me ha dicho que solo quería poder volver a casa para seguir cuidando de su hija discapacitada». Gente que ama cuidando y orando. Como aquel taxista que, una vez que cobraba la carrera, no se marchaba hasta ver entrar a sus pasajeros, especialmente a las mujeres, en el portal de sus casas.

Orar es querer y quererse. Tengo varias personas que nos vemos muy poco, pero son, sin duda, parte de mí. Saber que orar por ellos les hace bien, me hace bien y me une más a ellos. Te sientes acompañado y sientes que están ahí. Siempre hay quien reza por ti, aunque tú no lo sepas. Eso es cuidar y querer. Si no cuidas lo que tienes, se va estropeando. Te acompaño con mi oración en el camino y tú me acompañas con tu oración. Cuando oramos por los demás, les enviamos un soplo invisible de aliento, vida y fuerza. Ocupar tu tiempo orando por el otro es más provechoso que gastarlo hablando mal de él... y más sano.

Hace muchos años un amigo, tras contarme un problema, me pidió que rezara por él, ya que «tú estás más cerca de Dios, como eres cura...». Después de comentarle que esa línea abierta y cercanía con Dios es universal y para todos, nos despedimos. Él me dijo: «Nos vemos» y a mí, no sé por qué, inopinadamente me salió: «¡Nos rezamos!». No sabía que aquella expresión iba a ser tan importante el resto de mis días. En el «nos rezamos» no hay superioridad. No estoy yo más cerca que tú o tengo más acceso a Dios que tú. Horizontalidad en la relación. No solo ora uno; oramos los dos.

Con estas dos palabras quiero expresar que al despedirnos vamos a sentir el gozo de acompañarnos y estar cerca a través del vínculo de la oración. Tú me rezas, yo te rezo. Yo rezo por ti, por la gente que amas y te preocupa, por las cosas que tienes entre manos, y tú rezas por mí, por la gente que amo y me preocupa, por las cosas que tengo entre manos. Es una bella manera de decirnos «te quiero y quiero tu bien». Nos abrazamos en silencio, nos damos fuerzas. Quiero que mucha gente me diga «¡nos rezamos!», porque, al decirlo, es una forma de comprometernos a tener en el corazón y en la oración el rostro de la otra persona. Es un modo de amar en la distancia haciendo que los corazones se sientan uno, aunque estén a más de mil kilómetros de distancia. Te muestro mi cariño y cuidado por ti en el silencio de mi recuerdo y haciendo volar mi mente y mi alma hacia ti en presencia de Dios. Sí, definitivamente, me gusta. ¡Nos rezamos! O como alguien en Facebook comentó en una de mis publicaciones por error: «*¡Nos regamos!*». Orar, un modo de compartir el Agua que llevamos dentro, de regarnos mutuamente.

Y concluyo las páginas de este libro con un microcuento que he titulado *La luz que dejas*. Ojalá que su lectura haya encendido alguna lucecita en algún rinconcito de tu ser. Si es así, gracias por compartirla con los demás:

«No sé qué pasó, pero cuando te fuiste, dejaste mi casa repleta de luz».

¡Nos rezamos!
Lc 11,1 y Sant 5,16b

Agradecimientos

Mi gratitud sin medida a Miguel Ángel García Martínez, Mercedes Padilla Romero y Juan Antonio Bravo Pulido, por el tiempo, generosidad, esfuerzo e ilusión empleados en este nuevo proyecto, y por la amistad que nos une. Sois un grandísimo regalo. Gracias por la revisión, corrección, sugerencias e indicaciones que han mejorado indudablemente este volumen.

En noviembre de 2021 me comentaron que habían escrito una reseña de *Muéveme*, mi primer libro, en Instagram. En aquellos tiempos aún no la conocía. Cuando leí el *post*, me quedé sorprendido. «Lo ha clavado», pensé. Vi que era una chica joven y me ilusionó que las cosas de este *viejuno* pudieran conectar con una generación que se nos escapa a los que tenemos cierta edad. Esa misma semana un responsable de pastoral universitaria me escribió diciendo que estaba usando bastantes temas del libro para sus reuniones. Y la lectura no funcionaba solo para adultos, sino también con aquellos estudiantes, generando diálogos interesantes que ayudaban a profundizar en la fe y la vida.

Como no creo en las casualidades, la invité a prologar el libro… ¡y accedió! Mi agradecimiento a Paula Vega –*@llamameyumi* en redes sociales– por aceptar ser *the chosen* encargada de abrir y provocar el apetito de sentarse a esta mesa que trata de nutrir y alimentar. Precioso ese puente entre

los que vienen empujando fuerte y con savia fresca con los
que ya pintamos canas. Muchas gracias por aceptar la invitación con entusiasmo en medio de tus muchos proyectos. *De
boquerón a boquerona.*

Agradecer al Grupo de Comunicación Loyola por abrirme
de nuevo las puertas de esta biblioteca de Sal Terrae que me ha
acompañado desde siempre. Nunca imaginé ser parte de ella.
Gracias mil.

En el trasfondo de lo que escribo hay mucha gente. No
aparecen sus nombres, pero están en cada anécdota y vivencia que comparto. Familia, parroquias, comunidades, amista-
des... Vosotros sabéis quiénes sois. Gracias por colaros en mi
biografía y ser parte de mí. ¡Os debo tanto!

Muy agradecido también por la acogida en tantas y diversas comunidades donde he tenido la oportunidad de hacerme
presente en encuentros formativos, retiros, charlas, ejercicios,
meditaciones. Deseando volver a encontrarme con vosotros y
compartir nuevas historias de fe a partir de *Dejarme hacer.*

Y gracias, por supuesto, al origen, guía y meta de todos
mis afanes, luchas y sueños. Él es quien hace posible todo
en mí, las alas que me refugian en cada vuelo, el que me
sustenta en el camino, el que me ha regalado este segundo-
génito. Gracias, Señor, mi Dios y mi Todo.